über morgen

Pathos

Solmaz Khorsand

Pathos

Solmaz Khorsand

Inhalt

Vorwort

Pathos ist überall. Permanent sind wir bewegt, empört und berührt von der Welt und wollen das auch mit allen teilen. Am liebsten sofort. Am liebsten mit ganz viel Reichweite.

Mäßigung gehört nicht zum Zeitgeist. Insbesondere wenn es um die eigene Befindlichkeit geht. Wer von sich selbst dermaßen berauscht ist, will auch die anderen daran teilhaben lassen. Beherrschung ist etwas für Asketen. Gelassenheit für Reiche. Ironie für Überlebende.

Dem Rest bleibt nur das Pathos. Mit bebendem Tremolo und zeternder Stimme, absurden Metaphern und Stakkato-Interpunktion muss das eigene Drama möglichst breitenwirksam zur Geltung kommen. Schließlich ist alles eine Frage der richtigen Inszenierung. Denn wer sich im Pathoskonzert behaupten will, muss eine Performance an den Tag legen, die sich analog und vor allem digital dermaßen abhebt, dass sie tatsächlich gehört, gesehen, gespürt und vor allem angeklickt wird.

Pathos bedeutet Macht. Erst wenn die eigene Bewegtheit andere bewegt, kommen die Dinge ins Rollen. Plötzlich werden vermeintliche Werte und Normen in Frage gestellt. Mit einem Mal interessiert sich die Öffentlichkeit für die Erforschung einer Krankheit, für die es vorher keine Gelder gab. Plötzlich werden Gesetze verabschiedet, die davor nur eine Minderheit betroffen haben. Plötzlich werden Statuen von der Straße ins Museum verbannt, weil sie nun für die Allgemeinheit eine dunkle Ära repräsentieren, nicht nur für ein paar Übersensible.

Pathos bedeutet Veränderung. Kann Veränderung bedeuten. Denn sein Einsatz spiegelt die herrschenden Machtverhältnisse wider. Wer traut sich öffentlich seiner Befindlichkeit zu frönen, wer bekommt den Raum dafür zugestanden und wer nicht? Wer wird dabei ernst genommen und wer pathologisiert?

Macht es einen Unterschied, ob eine Frau ihre Gefühlswelt mit der Welt teilt oder ein Mann? Eine Schwarze oder eine *weiße* Frau? Eine Schwarze oder *weiße* Frau, die obdachlos ist, die im Rollstuhl sitzt, die Alleinerzieherin ist?

Ja, ja und ja. Es macht einen Unterschied. Den einen wird für ihren Mut gratuliert, sie werden für ihre Sensibilität gefeiert, dafür, dass sie bereit waren, dermaßen intime Einblicke in ihre Realität, ihren Alltag, ihre Verletzlichkeit zu gewähren. Die anderen sollen bloß nicht pathetisch sein, so viel jammern und immer nur fordern. Bei den einen wird ihr Pathos übersetzt in Gesetzesinitiativen und schafft es auf die politische Agenda, in den medialen Diskurs. Bei den anderen reicht es höchstens für eine Gegenforderung: Resilient soll man ein bisschen sein. Ist doch alles nicht so schlimm, oder?

„Die Reichen sind anders als wir", hat der amerikanische Autor F. Scott Fitzgerald einmal geschrieben, „sie sind weich, wo wir hart sind."[1]

Wem zugestanden wird weich zu sein, darf bei der kleinsten Unannehmlichkeit aufheulen. Wem dieses Verständnis verwehrt wird, der muss schon härtere Geschütze auffahren, um sich Gehör zu schaffen. Bei ihm muss das Erlebte „richtig schlimm" sein. Richtig schlimm und richtig oft. Erst mit der „Intensität des Schweregrads" und der „Extensität der Frequenz" hat eine Minderheit die Chance, von einer stillen Mehrheit gehört zu werden, sagt der deutsche Kommunikationswissenschafter Armin Scholl. Etwa erst wenn genug Schwarze Körper unter *weißen* Knien ersticken, setzt sich etwas in Bewegung. Dann spitzen sich plötzlich die Ohren aller. Dann färben sich selbst bei den unpolitischsten Menschen die oft so bunten Kacheln in den sozialen Medien schwarz.

Wenn das Extrem erreicht ist, gibt es für alle ein Stück vom Pathoskuchen. Aber nicht eher. Und auch nur, wenn sich das Pathos so darstellt, wie es von einer Mehrheit erwartet wird. Dann erst kann ihm eine Bedeutung zugeschrieben werden. Ohne die richtigen Codes ist es zwecklos. „Es genügt nicht, dass man etwas sagt. Es gehört im richtigen Moment, im richtigen Tonfall und in der richtigen Intensität gesagt", erklärt die Wiener Psychoanalytikerin Ulrike Kadi im Gespräch. Wer das nicht tut, läuft Gefahr nicht nur nicht gehört zu werden, sondern als Lügner oder Simulantin abgestempelt zu werden. Auch Pathos muss sich an ein Skript halten. Nur dann hat es eine Chance, auf fruchtbaren Boden zu fallen.

Es ist ermüdend, dem Pathoskonzert auf Dauer zuzuhören. Insbesondere wenn es einer Melodie folgt, die sich permanent wiederholt, da sie immer von denselben Akteuren gesummt wird.

Vielleicht auch deswegen, weil dadurch das eigene Pathos keinen Raum für seine Wirksamkeit hat. Weil das fremde Pathos so dominant ist, dass es sogar in die hintersten Winkel des eigenen Selbsts zu wirken beginnt. Fast so als stünde man unter fremder Besatzung. So viel zu pathetischen Metaphern.

„A writer by definition is pathetic“, soll der amerikanische Drehbuchautor und Regisseur Ethan Coen einmal gesagt haben. Daher ist natürlich auch dieses Buch ein pathetischer Ausbruch. Obgleich dieser ausgelöst wurde von Pathos-Fatigue, genährt durch die Beobachtung einer privilegierten Schicht, die mit einer Dringlichkeit ihre Befindlichkeit kundtut, als verdiene jedes Gefühl und jeder Gedanke die Bühne und die Gravitas, mit der das persönliche Drama einer Öffentlichkeit mitgeteilt wird.

Das tut es nicht.

Es ist Lärm, der Raum einnimmt, der Diskurse bestimmt, der Aufmerksamkeit bündelt und monopolisiert. Daher der pathetische Appell: Bitte hin und wieder diese Bühne zu räumen. Hin und wieder die Lautstärke runterzudrehen. Hin und wieder einfach nur still zu sein. Es ist ein Appell vor allem an all jene, die sich gerne als Verbündete einer guten Sache verstehen. Das eigene Pathos darf gedrosselt werden. Nur ab und zu.

Die Heulhierarchie

Des einen normal ist des anderen pathetisch

Es gibt Worte in der englischen Sprache, die sich wunderbar schnauben lassen. Mit Arroganz, Ekel und Widerwillen. Man möchte sie regelrecht ausspucken, so viel Verachtung haftet jeder Silbe an. *Pathetic* ist so ein Wort. Wem es entgegengeschleudert wird, soll sich nicht nur der Erbärmlichkeit seiner Handlung oder gar seiner selbst gewahr sein, er soll sich ihrer auch schämen. Das deutsche Adjektiv *pathetisch* ist da nicht ganz so gnadenlos. Hier schwingt noch ein Hauch der Schillerschen Romantik mit, in der das Pathos seine Hochzeit erlebte und als erhaben und hehr galt. Doch eben nur ein Hauch. Wer heute im deutschsprachigen Raum von Pathos spricht, meint zumeist Schwulst, Kitsch, Übertreibung. Vom falschen Pathos ist dann die Rede, vom hohlen, vom verlogenen, vom manipulativen.

Was Pathos konkret bedeutet, damit schlagen sich Literaturwissenschaft, Philologie und Philosophie seit Jahrhunderten herum. Einen gemeinsamen Nenner für seine Definition gibt es nicht, höchstens eine etymologische Annäherung, wenn seine griechischen Wurzeln frei gelegt werden. Demnach bezeichnet Pathos ein Ereignis, ein Leiden, aber auch eine Leidenschaft. Genau genommen ist es nicht nur ein Ereignis, sondern gleich zwei Ereignisse, denn sowohl das plötzlich eintreffende Widerfahrnis als auch die provozierte Gefühlsreaktion auf dieses „Reizereignis" fallen laut der Literaturwissenschafterin Cornelia Zumbusch in die Bedeutung des Wortes.[2]

„Am Beginn steht das Pathos der Welt, und wenn wir darauf antworten, indem wir erstaunen, erschrecken, fasziniert oder angeekelt sind, geht dieses Antworten mit dem Pathos einher", erklärt Jan Juhani Steinmann, Lehrbeauftragter für Philosophie an der Universität Wien, im Gespräch. „Keiner kann über das Pathos verfügen. Es trifft uns unsere Erfahrung, wie uns die Welt eben trifft."

In der Antike spielte das Pathos gleich in mehreren Disziplinen eine tragende Rolle. Aristoteles schreibt ihm in seiner Poetik eine reinigende Kraft zu. So ist das Pathos in der antiken Tragödie die Voraussetzung für die Katharsis. Das Leiden des Helden soll das Publikum faszinieren, unterhalten und dermaßen bewegen, dass es sich selbst zu reflektieren beginnt. Wenn es dann mitgerissen, erschüttert und überwältigt ist von Eleos, Schauer, und Phoebus, Furcht, wird es gereinigt sein von all seinen Affekten.

In der Rhetorik definiert Aristoteles das Pathos als eine der drei Säulen der Persuasion, der Überzeugung: Ethos, Logos (Pragma) und Pathos. Während sich Ethos auf die Glaubwürdigkeit und den Charakter des Redners bezieht, Logos (Pragma) auf den Inhalt und die Argumente einer Rede, soll das Pathos Emotionen beim Publikum hervorrufen.

Dabei untersteht das Pathos in der Rhetorik immer dem Argument, dem Logos, und ist kein Selbstläufer. Der emotionale „Appell zum reinen Mitfühlen" darf nicht der „Reflexion zuvorkommen"[3]. Damit wurde schon in der Antike der größte Verdacht, der dem Einsatz von Pathos bis heute anhaftet, artikuliert: die Manipulation. Das Gefühl kennt nun einmal kein Pro und Kontra. Losgelöst von jeder Logik und Vernunft eignet sich das Pathos hervorragend als Mittel der Demagogie, um ein Publikum dermaßen zu erschüttern und zu überwältigen, dass nicht länger von mündigen Bürgern die Rede sein kann, sondern nur mehr von emotional aufgewühlten Marionetten.[4] Dass die Seele gerührt ist, passiert schnell einmal, während „das abwägende Urteil der Vernunft"[5] Zeit braucht.

In der Politik ist das verdächtige Pathos bis heute präsent, in manchen Ländern stärker als in anderen. Einige würden so weit gehen zu behaupten, dass sein Einsatz in der politischen Rhetorik einhergeht mit dem Demokratieverständnis des jeweiligen Redners. Wer erschüttern will, kennt weder Ambivalenz noch Ironie. Daher: je pathetischer, umso absoluter. „Diktatur ist Pathos bis in den Alltag hinein – in der Demokratie bildet das Pathos die Ausnahme“[6], schreibt der deutsche Soziologe Wolf Lepenies.

Nicht umsonst reagieren gewisse Gesellschaften mit großem Unbehagen auf Pathos. Deutschland wurde nach der Nazizeit eine Pathosphobie in öffentlichen Reden attestiert. Das offizielle Nachkriegsdeutschland wollte sich auch im Sprechen vom Vorgängerregime abgrenzen. Einen sachlichen, gedämpften, fast schon privaten Sprechstil stellte der Sprachwissenschafter Johannes Schwitalla bei Deutschlands Politikern nach 1945 fest. Es war ein klarer Cut zu den manischen Brüllreden eines Hitlers und Goebbels.[7]

Bis heute sind die Deutschen empfindlich, was die Lautstärke angeht, sobald öffentlich gesprochen wird. „Beim gemeinsamen Crescendo von Volk und Führungsgestalt wird Deutschland sensibel. Faschismus erkennt es an der Tonlage“[8], kommentierte *Die Zeit* die Reaktionen auf einen Auftritt von Herbert Grönemeyer im Herbst 2019. Der Sänger Grönemeyer richtete damals folgenden Appell an sein Publikum in der Wiener Stadthalle: „Es muss klar sein, auch wenn Politiker schwächeln, und das ist in Österreich nicht anders als in Deutschland, dann liegt es an uns, zu diktieren, wie 'ne Gesellschaft auszusehen hat. Und wer versucht, so 'ne Situation der Unsicherheit zu nutzen für rechtes Geschwafel, für Ausgrenzung, Rassismus und Hetze, der ist fehl am Platze (...)."

Gesagt hat der Popstar das nicht. Er hat es gebrüllt, in klassischer Grönemeyer-Manier. Vielen war das suspekt. Ein Mann, der im Halbdunkel einer Halle Tausende zur Räson rufen will. „Der Tonfall, mit dem Grönemeyer sein Publikum politisch anheizt, macht mir ein wenig Angst. Ich sag's ungern, aber er klingt wie ein Redner vor 1945"[9], kommentierte der Dramaturg Bernd Stegemann auf Twitter. Und ausgerechnet die AfD-Politikerin Beatrix von Storch verglich den Aufruf mit Nazi-Propaganda und bezeichnete Grönemeyers Auftritt als „furchterregendste, übelste, totalitärste Hassrede"[10].

Doch was der eine als Gebrüll wahrnimmt, empfindet die andere als angemessene Lautstärke für das vorgebrachte Argument. Für die einen mögen die Reden Martin Luther Kings inspirierend sein. Für die anderen wirken sie rührselig. Für die einen ist die Aussage des österreichischen Bundeskanzlers Sebastian Kurz, nachdem ihm das Parlament das Misstrauen ausgesprochen hat – „Das Parlament hat abgestimmt, entscheiden wird das Volk" –, ein erhabener Moment des Widerstands eines geschassten Staatsmannes, für die anderen ein manipulativer Versuch, der mit antidemokratischer 20er-Jahre-Rhetorik nach Emotionen beim Publikum heischt.

Pathos ist relativ. „Was als pathetisch erlebt und bewertet wird, hängt wesentlich von der gegebenen Sprechsituation und den Erwartungen der Zuhörer ab“[11], schreibt die Salzburger Linguistin Beatrix Schönherr. Ob ein Sprechstil etwa als pathetisch wahrgenommen wird, hänge nicht nur von der Lautstärke ab oder der Akzentuierung der Worte, der Dehnung der Vokale, den Pausen zwischen den Sätzen, sondern auch von der Emotionalität in der Stimme, der Mimik, den Gesten. Und vom Kontext. Pathos beansprucht für seine Wirkung viele Ebenen. Dazu gehört auch, wer spricht und von wem es gehört wird. Und nicht zuletzt die Bühne, auf der es präsentiert wird.

Eine Frage der Lautstärke

Sesilia Al-Mousli braucht starke Nerven für ihren Job. Acht Stunden am Tag, fünf Tage die Woche tut sie nichts anderes, als das Pathos anderer aufzuspüren und zu deuten. Sechs Monate braucht sie, um es richtig einzuordnen. Stammt das Pathos aus den Tiefen eines verletzten Ichs? Oder ist es nur ein theatralisches Brimborium als Strafe für ein vernachlässigtes Ego?

„Erst nach einem halben Jahr weiß ich, woran ich bin“, sagt sie. Pathos ist nichts für Amateure. Da müssen schon

Profis ran. Und Sesilia Al-Mousli ist ein Profi. Die 27-Jährige ist Kindergartenpädagogin. Seit fünf Jahren kümmert sie sich um 21 Mädchen und Buben in einem Kindergarten in Wien, Simmering. Zwischen einem und sechs Jahren sind die Kinder alt.

Der Kindergarten ist für viele der erste Kontakt mit einer Gesellschaft, die ihnen einiges abverlangt. Zum ersten Mal müssen die Kinder funktionieren. Sie müssen Regeln befolgen, die nicht auf ihre Befindlichkeiten abgestimmt sind, sondern auf das vermeintliche Wohl vieler – und die Funktionstüchtigkeit eines Betriebes. Ein harter Einstieg in die große Welt.

Am Anfang wird viel geweint. „Am Beginn gehe ich auf jede Emotion ein, die ich sehe", sagt Al-Mousli. Besser einmal zu viel nachfragen als zu wenig. Bis sie ein Kind kennengelernt hat, will sie genau wissen, wie schlimm das Aua tatsächlich ist und wie schnell es sich wieder vergessen lässt, wenn sie die pinke glitzernde Knetmasse in unmittelbare Reichweite hält.

In dieser Zeit stellt Al-Mousli auch fest, inwieweit die fest zusammengedrückten Augen Ausdruck eines kleinen persönlichen Dramas sind oder nur als Mittel zum Zweck eingesetzt werden.

Es gibt die einen, die sich ganz bewusst mit hängenden Schultern in die Mitte des Raumes stellen, den Mund verziehen und erst dann zu weinen beginnen, sobald sie den Augenkontakt mit ihr und ihren Kolleginnen hergestellt haben, um die Pädagoginnen dann zu nötigen, für sie Partei zu ergreifen, weil ihnen ein anderes Kind das Spielzeug weggenommen hat. So kennen sie es von zu Hause, wenn sie sich gegenüber ihren Geschwistern behaupten müssen und nur mit Tränen und Geschrei und der damit einhergehenden elterlichen Intervention zu ihrem Recht gelangen.

Und dann gibt es die anderen, die in regelmäßigen Abständen mit voller Wucht gegen Waschbecken und Tischkanten knallen, wieder aufstehen und weiterrennen, als wäre nichts gewesen, weil ihnen zu Hause auch keiner bei jedem Hinfallen die unsichtbaren Flecken heil pustet.

„Die Kinder kriegen viel von zu Hause mit, was sie dann bei uns schnell ablegen", sagt Al-Mousli. „Ablegen müssen", schickt sie hinterher. Bei 21 Kindern und zwei Erwachsenen sind die Rahmenbedingungen einfach andere, da kann nicht jedes Pathos gehegt und gepflegt werden. Im ersten Corona-Lockdown, als die Kindergärten geschlossen hatten, ist Al-Mousli aufgefallen, wie viele ihrer Schützlinge wieder in alte Muster zurückgefallen sind. Plötzlich hatten sie wieder Tränen in den Augen, wenn Dinge nicht so liefen, wie sie es sich vorstellten.

In der Eingewöhnungsphase, dem ersten Monat im Kindergarten, versucht Al-Mousli auf jedes Kind so stark wie nur möglich einzugehen, um jede Emotion richtig zu deuten. Doch bei mehreren Kindern gleichzeitig kommt auch sie an ihre Grenzen. Wen nimmt sie als Erstes in den Arm? Auf wessen Bedürfnis reagiert sie am schnellsten? Wessen Pathos lässt sie auf sich wirken?

„Je weniger ein Kind kann und je hilfloser es ist, desto eher bekommt es meine Aufmerksamkeit", erklärt sie. Hat sie einen brüllenden Einjährigen, wird sie den eher in den Arm nehmen und wiegen als das fünfjährige Mädchen trösten, das sprechen kann und im besten Fall Anschluss an die Gruppe der älteren Kinder findet. „Mir tut das dann wirklich leid und ich wünschte, dass ich die Kapazität hätte, diesem älteren Kind die gleiche Aufmerksamkeit zu schenken wie den kleinen. Aber wenn die anderen dreimal so laut schreien und komplett die Nerven schmeißen, geht es nun einmal nicht", sagt Al-Mousli.

Aber woran bemisst sie das Ausmaß des individuellen Leides? Woran macht sie fest, dass Paul gerade die Nerven wegschmeißt und Emre seinen stillen Nervenzusammenbruch in der Ecke erlebt?

Sesilia Al-Mousli verzieht den Mund. Sie lächelt fast verlegen. Die Antwort scheint sie selbst zu stören: „Es hängt schon davon ab, wie laut einer schreit."

Von hysterischen Frauen und stoischen Männern

Wer brüllt, wird gehört. Wer lauter brüllt, umso mehr. Das sind die banalen Regeln der Aufmerksamkeitsökonomie. Doch ist die Lautstärke nur ein Faktor. Wer konkret brüllt, ein anderer. Anna oder Paul? Paul oder Emre? Wessen Gebrüll wird am Ende ernst genommen? Gibt es auch hier eine Hierarchie?

Die Wissenschaft sagt ja.

Forscher der Yale und Georgia City University haben in einer Studie festgestellt, dass Erwachsene die Schmerzen von Kindern unterschiedlich bewerten. Verletzt sich ein Mädchen, hält sich die Empathie der Außenstehenden in Grenzen; tut es ein Junge, wird derselbe Schmerz plötzlich ernst genommen. In der Studie wurde Testpersonen ein Videoclip gezeigt, in dem einem Vorschulkind in den Finger gepiekst wird. Das Kind trägt ein rotes T-Shirt, kurze Sportshorts und hat die Haare tief ins Gesicht hängen. Es ist nicht zu erkennen, ob es sich dabei um ein Mädchen oder einen Jungen handelt. Die Studienautoren haben die Befragten, vorwiegend Frauen, in zwei Gruppen unterteilt. Einer Gruppe wurde gesagt, dass das Kind Samuel heißt, der anderen, sein Name wäre Samantha. „Samuels" Schmerz wurde auf einer Skala mit 50,42 als schlimm bewertet, „Samanthas" hingegen nur mit 45,9.[12]

Zu einem ähnlichen Ergebnis kamen auch Wissenschafter der University of Sussex, als sie Erwachsenen die Schreie von Säuglingen vorgespielt haben. Wenn die Befragten – hier Männer – erfuhren, dass es sich bei den schreienden Babys um Buben handelt, hatten sie den Eindruck, die Babys würden ein größeres Martyrium erleben, als wenn ihnen gesagt wurde, dass es Mädchen seien.[13]

Die Wissenschaft erklärt die Ergebnisse mit den antiquierten Gendervorstellungen unserer Gesellschaft. So besteht nach wie vor die Annahme, dass Buben so sozialisiert werden, dass sie ihr Leid stoisch ertragen, gar unterdrücken, während Mädchen ihre Schmerzen nicht nur ausdrücken dürfen, sondern sie sogar als eine Kommunikationsform nutzen sollen, um andere um Hilfe zu bitten. Daher geht man davon aus, dass Jungen an „echten" Schmerzen leiden, wenn es dann einmal so weit ist, dass sie weinen. Deswegen seien sie besonders ernst zu nehmen. Weinende Mädchen hingegen seien „nur" emotional und ihre Schmerzen daher „unecht". Sie stellen mit ihren Tränen eine Manipulationstheatralik zur Schau, daher dürfen sie dementsprechend ignoriert werden.[14]

Das heulende Mädchen, das nach Aufmerksamkeit heischt, dem in Wirklichkeit nichts fehlt, das man ruhig links liegen lassen kann – dieses Mädchen hat eine lange Geschichte.

Das Mädchen ist besser bekannt als die „hysterische Frau“.

Schon im alten Ägypten taucht sie auf. Damals erklärte man sich ihre Exzentrik mit sexueller Abstinenz. Eine hungrige Gebärmutter würde unbefriedigte Frauen in den Wahnsinn treiben.[15] Auch in der Antike wurde der mentale Zustand einer Frau in ihrem Uterus lokalisiert. So sei *hystera* – das altgriechische Wort für Gebärmutter – laut Platon „ein Tier, das glühend nach Kindern verlangt. Bleibt dasselbe nach der Pubertät lange unfruchtbar, so erzürnt es sich, durchzieht den ganzen Körper, verstopft die Luftwege, hemmt die Atmung und drängt auf diese Weise den Körper in die größten Gefahren und erzeugt allerlei Krankheiten“[16] wie etwa egozentrisches, labiles und ekstatisches Verhalten. Bis ins 17. Jahrhundert hielt sich die absurde Vorstellung von der hysterischen Frau, die besessen sei von ihrer wandernden Gebärmutter, einem nach Sperma lechzenden Tier, das sich aus lauter Hunger gar in ihrem Gehirn verbeißen würde.[17]

Den Höhepunkt erlebte die hysterische Frau im 19. Jahrhundert, als Tausende Frauen mit Anfällen, Lähmungen und Halluzinationen in Krankenhäuser und Nervenheilanstalten eingeliefert wurden. Sie stellten die behandelnden Ärzte vor Rätsel. Die Männer konnten keine organischen Ursachen für die Zustände der Frauen feststellen. Mit allerlei Praktiken wurde experimentiert, mitunter auch mit Genitalverstümmelungen. So behauptete etwa im Jahr 1882 Nikolaus Friedreich, Ordinarius für Pathologie in Heidelberg, die Hysterie durch die Entfernung der Klitoris heilen zu können. Bis ins 20. Jahrhundert hielt die Medizin im Westen an der Klitoridektomie fest. Erst mit dem zunehmenden Erfolg der Psychoanalyse sah man davon ab.

Eine nicht unerhebliche Rolle spielte in diesem Zusammenhang auch der Kolonialismus, wie der Amerikanist Norbert Finzsch recherchierte. Die „‚Entdeckung' der Klitoridektomie unter den kolonialisierten Völkern vor allem Afrikas" habe dazu beigetragen, von der plötzlich als barbarisch wahrgenommenen Praxis Abstand zu nehmen. Man wollte so die Überlegenheit der „zivilisierten weißen Rasse" gegenüber den Kolonialisierten untermauern.[18]

Heul doch – aber nur wie ein Mann

Dank Freud und kolonialistischem Dünkel ist zwar die Genitalverstümmelung aus den Operationssälen der westlichen Hemisphäre verschwunden, die Vorstellung der hysterischen Frau hingegen nicht. Von ihr hat sich die Medizin bis heute nicht verabschiedet.

Mit fatalen Folgen.

Sätze wie „Das ist alles nur in Ihrem Kopf" oder „Das bilden Sie sich nur ein" hören Frauen immer wieder, wenn sie bei Beschwerden um Hilfe ansuchen.

Frauen bekommen im Gegensatz zu Männern eher Beruhigungsmittel verabreicht als Schmerzmedikamente, wenn sie über Schmerzen klagen.[19] Haben sie Bauchschmerzen, warten sie in der Notaufnahme der in Regel 65 Minuten, bis sie untersucht werden, Männer hingegen nur 49 Minuten.[20]

Der Sexismus ist tief verankert in der Medizin. Wie in allen Bereichen der Gesellschaft, wird auch hier die halbe Weltbevölkerung systematisch ignoriert, wie die britische Journalistin Caroline Criado Perez dokumentiert. „Fast die gesamte Menschheitsgeschichte ist eine große Datenlücke", beginnt sie ihr Buch *Invisible Women*. Der Mann wird als Standard angenommen, an ihm wird getestet, von ihm werden Daten bis ins letzte Detail erhoben. Für ihn wird die Welt entworfen, egal ob das Klavier, Straßenzüge, Smartphones, Spracherkennungsprogramme, Sicherheitsgurte oder Medikamente.

Alles ist abgestimmt auf den männlichen Körper.[21]

Der Mann ist die Norm, die Frau nur eine Abweichung. Bis ins 17. Jahrhundert machten sich die Ärzte nicht einmal die Mühe, weibliche Organe extra zu benennen. So bezeichneten sie beispielsweise Eierstöcke schlichtweg nur als weibliche Hoden, bis europäische Wissenschafter genug Haie, Hasen und Raben seziert hatten, um den Unterschied der primären Geschlechtsmerkmale ausfindig zu machen.[22]

Nun hat sich zwar die medizinische Semantik weiterentwickelt, die Praxis nicht unbedingt. Sie behandelt den weiblichen Körper nach wie vor als Anomalie. Egal ob beim Herzinfarkt oder beim Autismus, solange sich die Beschwerden einer Frau nicht exakt so zeigen wie die eines Mannes, gelten ihre Symptome als atypisch und sie läuft Gefahr, falsch oder gar nicht behandelt zu werden.

Als „Yentl-Syndrom" wird dieses Phänomen bezeichnet. Benannt nach der Figur Yentl aus dem gleichnamigen Film, in dem Barbra Streisand ein jüdisches Mädchen spielt, das sich als Junge verkleidet, um den Talmud in einer Jeshiva studieren zu können. Übersetzt auf die Medizin bedeutet das Syndrom, dass eine Frau nur dann entsprechend medizinisch versorgt wird, wenn ihre Symptome sich genauso äußern wie bei einem Mann. Doch der weibliche Körper funktioniert nicht wie der männliche. Er zeigt nicht dieselben Krankheitssymptome wie der männliche. Etwa bei einem Herzinfarkt. Bei Männern kündigt er sich mit Schmerzen in der Brust und im linken Arm an, bei Frauen nicht. Bei ihnen macht er sich mit Übelkeit, Bauchschmerzen, Kurzatmigkeit und Übermüdung bemerkbar.[23] Die Wahrscheinlichkeit, dass Ärzte die Symptome bei Frauen fehlinterpretieren, liegt bei 50 Prozent, da es sich für die meisten um „atypische" Anzeichen handelt.

Die Folge: Herzinfarkte bleiben bei Frauen unentdeckt oder werden zu spät erkannt, was tödlich enden kann.

Auch die richtige Medikation ist für Frauen eine Glückssache. Die meisten Medikamente werden fast ausschließlich an Männern getestet. In vielen Fällen stellt sich heraus, dass sie auf Frauen nicht die gewünschte oder keine Wirkung haben.

Aber das wird in Kauf genommen. Da kann Anna so laut schreien, wie sie will.

Und Fatima braucht es gar nicht erst probieren.

Alles nur in deinem Schwarzen Kopf

„Each diagnosis took years to obtain. I have been gaslit by the medical community my entire life. My pain and knowledge of my body has been questioned at every turn by white doctors whose education has been historically steeped in anti-blackness."[24]

Das beschreibt die Autorin Jazmine Joyner in ihrem Essay *Nobody believes that black women are in pain, and it's killing us*. Darin analysiert sie ihre Erfahrungen als Schwarze Frau im amerikanischen Gesundheitssystem. Oft verwendet sie dabei den Ausdruck „Gaslighting". Er ist entlehnt aus dem Theaterstück *Gas Light* des britischen Dramatikers Patrick Hamilton aus dem Jahr 1938. Darin will der Protagonist seiner Frau weißmachen, dass ihre Wahrnehmung, das Gaslicht hätte sich entzündet, nur eine Wahnvorstellung sei. Heute wird der Begriff verwendet, um eine Form von psychischer Gewalt und Missbrauch zu bezeichnen, in dem ein Täter die Wahrnehmung der Realität seines Opfers permanent in Frage stellt und mit dieser Art der Manipulation sukzessive zermürbt. Für Minderheiten ist Gaslighting Teil ihrer Realität, wie Joyner betont:

„I am gaslit into believing it's all in my head, that nothing is wrong with me and my pain is tolerable. While I see the white patients in the beds next to me receive superior care, pain meds, and human decency, I am told to leave."

Doch es ist nicht nur in ihrem Kopf. Die Zahlen geben ihr Recht. Schwarze werden öfter ignoriert[25], bekommen weniger Medikamente und bekommen seltener weiterführende Behandlungen[26], wenn sie exakt über die gleichen Schmerzen klagen wie Weiße.

2015 hat das Bostoner Brigham and Women's Hospital untersucht, wie *weiße* und nicht-*weiße* Patienten mit Bauchschmerzen in der Notaufnahme behandelt werden. Schwarze hatten eine 22 bis 33 Prozent geringere Wahrscheinlichkeit Schmerzmittel zu bekommen als Weiße.[27]

Zu diesem Ergebnis kam auch die Wissenschafterin Salimah H.Meghani an der University of Pennsylvania School of Nursing. Sie hat Forschungsergebnisse der vergangenen 20 Jahre zur Behandlung Schwarzer Patienten ausgewertet. Sie stellte fest, dass die Wahrscheinlichkeit, dass Schwarze Frauen und Männer bei Migräne, Rücken-

und Bauchschmerzen Opioide verschrieben bekämen, um 34 Prozent geringer sei als bei Weißen. Selbst nach Operationen würden Schwarze im Schnitt um 14 Prozent weniger Schmerzmedikamente bekommen.[28]

Als Gründe für die diskriminierende Praxis werden mitunter rassistische Vorurteile angeführt. So ist die Annahme einiger Mediziner, dass Schwarze nur auf „Pillenjagd“ seien, um entweder ihre eigene Sucht zu befriedigen oder gar um die Medikamente weiterzuverkaufen.

Hinzu kommt eine weitere verstörende Annahme, die dazu führt, dass das Gesundheitspersonal die Schmerzen von Angehörigen von Minderheiten nicht ernst nimmt. Einige Mediziner haben sich immer noch nicht aus dem Mindset zu Zeiten der Sklaverei gelöst. So glauben sie, dass Schwarze weniger schmerzempfindlich seien als Weiße. In einer Studie der University of Virginia wurden 222 weiße Medizinstudenten mit einigen Fragen konfrontiert, etwa ob Schwarze weniger schnell altern würden als Weiße, ob ihre Nervenenden weniger sensibel seien und ob ihr Blut schneller gerinnen würde als das von Weißen. Die Hälfte der Befragten bejahte diese Falschaussagen.[29]

Nun sind einige, vor allem in Europa, geneigt zu sagen, dass sich diese rassistischen Annahmen ausschließlich auf die USA beschränken würden, auf dieses hinterwälderische Amerika mit seiner verkorksten Geschichte aus

Rassenunruhen, Ungleichheit und Turbokapitalismus, wo es leicht einmal passieren kann, dass einer verreckt, wenn er nur die falsche Hautfarbe und zu wenig Geld auf dem Konto hat.

Doch auch im deutschsprachigen Raum ist das Gesundheitspersonal vor solchen Annahmen nicht gefeit. Hier dominiert das Bild der expressiven Südeuropäerin, die mit ihrem Leid nur die Aufmerksamkeit auf sich ziehen möchte. Von „Mama-mia-Syndrom", „Morbus Bosporus" oder „Morbus Balkan" ist dann die Rede, wenn Pflegepersonal „die kulturelle Dimension des subjektiven Schmerzempfindens von Schmerzpatienten"[30] kommentiert.

„So ist es in unserer westeuropäischen Kultur üblich, Gefühle in der Öffentlichkeit unter Kontrolle zu halten, ein selbstbeherrschtes Verhalten zu zeigen und auch den Schmerz nicht expressiv zum Ausdruck zu bringen"[31], schreibt Ulrike Lenthe, Lehrerin für Gesundheits- und Krankenpflege sowie Krankenhausmanagerin und Pflegedirektorin eines Altenheims in Bruck an der Leitha, in einem Aufsatz. „Im Gegensatz dazu ist es in anderen Kulturen sozial akzeptiert, spontane Gefühle zu zeigen und Schmerzen stärker zu präsentieren als wir es tun." Aufgrund der eigenen soziokulturellen Sichtweisen könnte für das heimische Pflegepersonal eine „expressive Schmerzäußerung", wie sie etwa von Personen aus dem Mittelmeerraum oder dem Nahen Osten wahrgenommen wird, daher als „befremdlich oder sogar als Normenüberschreitung" angesehen werden und würde als Übertreibung abgetan. Mitunter würden solche Patienten gar als Simulanten abgestempelt.

Um kulturbedingte Missverständnisse zu vermeiden, müsste das Personal in interkultureller Kompetenz geschult werden, so der wohlmeinende Appell. Psychologen der Paracelsus Medizinischen Privatuniversität am Klinikum Nürnberg haben 2016 ein Programm zur Schmerzbewältigung entwickelt, das speziell auf die Bedürfnisse türkischer Frauen zugeschnitten ist. Sandra Venkat, die leitende Psychologin der Nürnberger Schmerztagesklinik, stellte das Konzept in einem Fachartikel vor. Es wird davon ausgegangen, dass muslimischen Frauen der Zusammenhang zwischen Psyche und Schmerz, „wie er in der westlich medizinischen Welt vertreten" wird, nicht vertraut ist und sie „in der Regel" ihre Schmerzen „als Ausdruck körperlicher Probleme oder als Prüfung von Allah" verstehen, die man erdulden muss. Daher versuchen die Psychologen unter anderem „die wichtige Ressource Religion" in ihrem Konzept zu nutzen. Sie wollen die Patientinnen aus ihrer „Opferhaltung" – Allah will es so – befreien und mittels der Religion – im Koran stehe, man müsse den eigenen Körper schützen – die Frauen animieren, aktiv dazu beizutragen, ihren Zustand zu verbessern.[32]

Nun ist dieser holistische Ansatz – die Berücksichtigung der Biografie, Kultur und Religion – in der Behandlung durchaus wünschenswert, nur ist es beunruhigend, wenn die abgeklopften Faktoren auf Stereotypen beruhen, auf deren Basis dann ein Therapieansatz entwickelt werden soll. Wie „kompetent" sich das äußern kann, hat die deutsche Schauspielerin Thelma Buabeng bei ihrer anthroposophischen Frauenärztin erlebt. Buabeng, deren Familie aus Ghana stammt, bekam folgenden medizinischen Ratschlag, als sie der Ärztin von ihren Schmerzen berichtete:

„Frau Buabeng, Sie müssen gar nicht weiterreden. Das ist ganz typisch bei afrikanischen Frauen. Sie tragen den Schmerz der afrikanischen Frau in Ihrem Becken. Sklaverei, Kolonialismus, Vergewaltigung." Buabeng solle doch, wenn sie zu Hause sei, Trommelmusik anmachen, „das mache sie sicher so gern", und den Schmerz einfach rausschütteln.[33]

Es wird klar, dass nicht nur eine Rolle spielt, wer seine Schmerzen kommuniziert und in welcher Lautstärke, sondern auch von wem sie mit welcher Erwartungshaltung gehört, interpretiert und ernst genommen wird. Das bestimmt über die Wirkung des Pathos. Und die ist letztlich auch einem weiteren wesentlichen Faktor geschuldet, nämlich ob es sich um Pathos von „unseresgleichen" handelt oder nicht, wie die Wissenschafterin Salimah H. Meghani konkretisiert: „A lot of work in the social sciences has shown that you're more empathetic to people in your in-group than your out-group."[34]

Die Krise als Privileg

„When they speak, it is scientific;
when we speak, it is unscientific.
When they speak, it is universal;
when we speak, it is specific.
When they speak, it is objective;
when we speak, it is subjective.
When they speak, it is neutral;
when we speak, it is personal.
When they speak, it is rational;
when we speak, it is emotional.
When they speak, it is impartial;
when we speak, it is partial.
They have facts, we have opinions.
They have knowledge, we have experiences."[35]

Grada Kilomba

Empathie, aber nur für meinesgleichen

„Wir“ und „sie“. Wer steht im Zentrum, wer an der Peripherie? Wer wird zur Norm erklärt, zum sprechenden, wertenden, fragenden, bestimmenden Subjekt, und wer zum stummen Objekt gemacht?
Grada Kilomba kennt die Peripherie. Die portugiesische Theoretikerin, Psychologin und Künstlerin, deren Familie aus São Tomé und Principe und Angola stammt, wurde als Wissenschafterin von ihren *weißen* Kolleginnen oft dorthin gedrängt. Ihre Einschätzungen wurden als zu persönlich, ihre Perspektive als zu emotional, ihre Kommentare als zu spezifisch abgetan. Man wollte immer wissen, ob das denn „objektive Fakten“ seien, wovon sie, „die Königin der Überinterpretation“[36], da sprechen würde, ohne zu reflektieren, dass sie selbst nicht von einem neutralen, einem universalen Standpunkt aus sprechen, sondern von einem dominanten[37]: „Such comments function like a mask, that silences our voices, as soon as we speak. They allow the white subject to place our discourses back at the margins, as deviating knowledge, while their discourses remain at the center, as the norm”[38], schreibt sie in ihrem Buch *Plantation Memories.*

Es finde hier „keine friedliche Koexistenz des Wortes“ statt, sondern „eine gewalttätige Hierarchie“, die definiert, wer sprechen darf.

Wie stark diese Hierarchie verinnerlicht wurde, veranschaulicht Kilomba anhand des vermeintlich objektiven

Wissenschaftsbetriebs. Ein Kapitel beginnt sie mit einer Anekdote aus ihrer Zeit als Gastprofessorin am Zentrum für Transdisziplinäre Geschlechterstudien an der Berliner Humboldt-Universität. Zu Beginn jedes Semesters testet Kilomba ihre Studenten. So will sie von ihrem deutschen Auditorium beispielsweise wissen, welche afrikanischen Länder Deutschland kolonialisiert hat. Wann die deutsche Kolonialherrschaft auf dem afrikanischen Kontinent ihr Ende fand? Wer Queen Nzinga war? Und wer May Ayim?

Weiße Studierende können in der Regel ihre Fragen nicht beantworten, Schwarze hingegen schon. Warum ist dieses Wissen für die einen relevanter als für die anderen? Wessen Unrecht findet Eingang in die Geschichtsbücher, Hörsäle und letztlich ins kollektive Bewusstsein? Wessen Pathos macht Geschichte?

Die Antwort liegt in der Dichotomie. Im „Wir" und in „Denen". Wer den Anspruch hat, die Menschheit als Norm zu repräsentieren – und sei diese Norm noch so fiktiv und imaginiert –, hat auch den Anspruch, seine Krise als eine Krise der gesamten Menschheit zu postulieren.

„Das Privileg der Krise", nennt es die Anglistin Elahe Hashemi Yekani in ihrer gleichnamigen Doktorarbeit. Als Ausdruck einer *weißen* hegemonialen Männlichkeit, die permanent durch Sprache, Ästhetik, Narrative und Diskurse (re)konstruiert wird, hat sich auch die Krise des *weißen* Mannes als einzig ernst zu nehmende etabliert.

Zwar würden sich auch andere Gruppen im Krisen-Narrativ versuchen, doch seien ihre Krisen am Ende des Tages „nur" Partikularkrisen, die nur sie betreffen, nicht die Allgemeinheit.[39]

Die Schweizer Philosophin und Geschlechterforscherin Patricia Purtschert hat diese männlichen „Existenzialkrisen" untersucht. Und zwar in den höchsten Bergen der Welt. „Obwohl sich einheimische und ausländische Frauen bereits in einer frühen Phase am Himalaya-Bergsteigen beteiligten, waren die Expeditionen Mitte des 20. Jahrhunderts diskursiv auf die Herstellung und Stabilisierung einer eurozentrischen Männlichkeit angelegt", schreibt sie in ihrem Buch *Kolonialität und Geschlecht im 20. Jahrhundert*. Aus Expeditionsberichten und Filmen dieser Zeit lässt sich herauslesen, wie die Schweizer Bergsteiger in der „Todeszone" über 7000 Metern Höhe als Helden der gesamten Menschheit in ihrem Kampf mit den Elementen überhöht wurden:

„Die unbehaglichen Symptome des Sauerstoffmangels treten häufiger und heftiger auf. Schlaflosigkeit, Kopfschmerzen, Schwindel, Muskelschwäche und vor allem Halsschmerzen. Der Himalajabesteiger ist ein Kranker, für dessen Leiden es nur ein Heilmittel gibt: Rückkehr in die Tiefe. Und doch, wie haben wir diesen Kampf gegen den Berg ersehnt", zitiert sie aus dem Film *Mount Everest 1952*.[40]

Purtschert, die das Interdisziplinäre Zentrum für Geschlechterforschung an der Universität Bern mitleitet, lacht, wenn sie an diese Darstellungen denkt. „Es ist schon interessant, wem zugestanden wird, Pathos auszustrahlen und wer als pathologisch gilt“, sagt sie im Gespräch. „Ich fand die Berichterstattung über diese Bergsteiger krass. Sie haben sich übergeben, sind auf allen Vieren gekrochen, haben den Verstand verloren und wurden dafür gefeiert. Sie galten nicht als ‚krank‘, sie waren Helden.“

Niemand hat sich über die kotzenden und halluzinierenden Männer lustig gemacht. Keiner hat ihre Körper im Zustand der absoluten Verletzlichkeit bloßgestellt. Von Anfang bis zum Ende ihrer Expeditionen genossen sie ein Privileg, das den meisten Menschen in der Krise verwehrt wird: eine würdevolle Darstellung ihres Pathos.

Nur wenige haben Anspruch darauf, wie Purtschert erst wieder im Corona-Lockdown festgestellt hat, als sie die Berichterstattung über die zahlreichen Toten aus Norditalien verfolgte. Während Männer und Frauen außerhalb reicher Industrienationen gerne dahinsiechend in voller Blöße gezeigt werden, sobald sie eine Katastrophe trifft, hatten die Italiener das Privileg, dass ihnen die Welt nicht beim Sterben zusah. Es gab keine Nahaufnahmen erstickender Körper, keine verzerrten Gesichter, keine leeren Augen, nur sorgfältig ausgesuchte Bilder, die die Persönlichkeitsrechte der Betroffenen wahrten. Warum schaffen das die Medien nicht bei Ebola-Infizierten im Kongo? Bei verhungernden Kindern im Jemen? Bei Tsunamitoten in Indonesien?

Purtschert erklärt es sich mit der kolonialen „Ausstellungskultur“: „Der nichtweiße Körper, der weiße weibliche Körper und Körper, die nicht in die Geschlechterbinarität passen, werden aus der dominanten Perspektive zum Spektakel gemacht. Es gibt eine lange Traditionslinie kolonialer und patriarchaler Blickregimes, die andere Körper zum Spektakel machen, immer wieder aufs Neue.“

Diese Perspektive ermöglicht es, sich vom Anderen zu entkoppeln und das Andere aus der Distanz zu bewerten. Es ist ein entmenschlichender Blick, der am Ende auch über das Maß an Empathie bestimmt, das dem Pathos des Gegenübers entgegengebracht wird. In ihrer Forschung hat Purtschert auch Schweizer Schokoladenwerbung analysiert. Sie erinnert sich an ein besonders rassistisches Bild einer Lindt-Werbung aus den 1930er Jahren, auf dem eine Schwarze Frau zu sehen ist, die verängstigt in die Kamera schaut und im Arm ein Baby hält. Darunter stehen die Worte: „Rassig, braun und süss und fein, wie dies kleine Negerlein.“

Lange hat Purtschert über diese Werbung mit der verängstigten Mutter nachgedacht, die trotz ihres klar als verstört zu interpretierenden Blickes in eine „weiße Logik des Konsumierens, Genießens und Verzehrens“[41] eingebunden wurde. Purtschert kommt zu dem Schluss, dass dies nur möglich ist, wenn es einen „Cut“ in der Empathie gibt. Es ist ein Cut, der ständig wiederholt werden muss. Der entmenschlichende Blick auf den Schwarzen Körper muss permanent aufrechterhalten werden, um „ein ständiges Verlernen von Empathie, von Mitleiden, von Mitfühlen in Bezug auf gewissen Menschen im Unterschied zu anderen“ möglich zu machen.

Warum macht es einen Unterschied in der Wahrnehmung, ob ein Kreuzschiff mit *weißen* Menschen im Mittelmeer kentert oder ein Schlauchboot mit Flüchtlingen untergeht? In beiden Fällen sind Tote zu beklagen. Doch nur ein Fall schafft es auf die Titelseite. Und nur ein Fall weckt nationale Trauer und internationale Anteilnahme. „Wir stellen zu Menschen, die wir zu anderen machen, diese Nähe, diese Bezugnahme, diese Verflochtenheit, diese Intimität nicht her. Auch das hat eine lange Geschichte. Empathie, beziehungsweise die ‚sistierte Empathie‘, wie ich es in meinem Buch mit Bezug auf die Frau in der Schokoladenwerbung nenne, ist nicht etwas, was einmal für immer gesetzt wurde, sondern das wir uns ständig antrainieren oder abtrainieren.“

Und genau hier liegt für Patricia Purtschert auch die gute Nachricht. Was einmal abtrainiert werden kann, kann auch wieder antrainiert werden. Und umgekehrt.

Ohne Identifikation kein Mitgefühl

In Großbritannien hat man dieses Training aufgenommen. Und es geschafft, den eigenen Blick umzulenken. Wenn auch aus tragischen Gründen. Jahrzehntelang glaubte das Gros der britischen Gesellschaft, dass Sozialhilfeempfänger faule Schmarotzer seien. Zeitungen stellten sie als schamlose Betrügerinnen dar, Fernsehsender als besoffene Schnorrer, die sich auf Kosten anderer ein schönes Leben machen würden.

Doch 2019 stellten Umfrageinstitute plötzlich einen Meinungsumschwung fest. Galt früher die Ansicht, dass die Regierung zu großzügig sei bei der Auszahlung von Sozialleistungen, waren nun 56 Prozent der Befragten der Meinung, dass eine Kürzung der Sozialhilfe zu vielen Menschen schaden würde. Mit einem Mal schien sich ein Funke Empathie eingeschlichen zu haben in die britische „Jeder ist seines Glückes Schmied"-Gesellschaft. Doch der Meinungswandel hatte weniger mit einem plötzlichen Aufkommen von altruistischen Motiven zu tun als mit den realen Konsequenzen der Austeritätspolitik von David Camerons konservativer Tory-Regierung. Ab 2010 krempelte der damalige Finanzminister George Osborne den britischen Wohlfahrtsstaat gehörig um. Die Regierung kürzte die Sozialleistungen massiv, vom Mietzuschuss für Sozialwohnungen bis hin zur Familienbeihilfe.[42] Und sie sanktionierte jeden, der sich nicht selbst helfen „wollte". So mussten sich Kranke und Invalide einen Job suchen, um weiterhin finanzielle Unterstützung vom Staat zu bekommen, „weigerten" sie sich, wurde ihnen die Beihilfen gestrichen.[43]

Die Maßnahmen gingen vielen in Großbritannien zu weit. Sie sahen die Opfer, die ein schlanker Staat forderte, plötzlich en masse auf der Straße und in den Suppenküchen. Die Szenen aus den traurigen Filmen ihres Landsmanns Ken Loach über invalide Rentner, die in Jobcentern für ein paar Almosen gedemütigt werden und arbeitslose Alleinerzieherinnen, die in Suppenküchen vor lauter Scham zusammenbrechen, waren nicht länger nur ein Leinwandspektakel für eine gerührte Schickeria in Cannes, sie waren nun Teil ihrer eigenen Realität. Der britische Politologe Pete Dorey erklärt den Empathieschub seiner Landsleute mit ihren unmittelbaren Lebensbedingungen:

„Je mehr die Regierung die Sozialleistungen kürzt, umso mehr werden die Leute sagen: Moment, ich kenne jemanden, der seine Ansprüche verloren hat, der seine Wohnung zwangsräumen muss, der jetzt bei der Suppenküche ansteht. Und das ist kein Sozialschmarotzer. Das ist mein Cousin, mein Freund, mein Onkel."[44]

Mein Onkel, der Sozialhilfeempfänger. Erst dadurch veränderte sich der Blick. Aus dem vermeintlichen Schnorrer wurde wieder ein Mensch. So nah muss man also dran sein, um Empathie für andere zu empfinden. Manchmal sogar noch ein bisschen näher, weil jede Erklärung zu abstrakt ist, jedes Argument zu unglaubwürdig, jede Träne zu dramatisch. Es braucht die ultimative Identifikation. Als ultima ratio bleibt da nur noch ein Mittel, um das eigene Einfühlungsvermögen anzukurbeln: der Selbstversuch.

Martin R. Schneider schaffte es mit seinem in die Schlagzeilen: „Mann erlebt Sexismus am Arbeitsplatz." Schneider verschickte versehentlich eine Email mit der Signatur seiner Kollegin Nicole Hallberg. Prompt wurde der Amerikaner vom Kunden abgekanzelt. Als er die gleiche Email mit seiner Signatur verschickte, war der Ton plötzlich viel freundlicher und all seine Vorschläge „großartig". Schneider entschied sich zu einem Experiment. Zwei Wochen lang tauschte er die Signatur mit seiner Kollegin Hallberg. Er musste feststellen, wie unhöflich die Kunden zu ihm als „Nicole" waren, wie oft sie seine Entscheidungen und seine Expertise in Frage stellen, wie arrogant und aufdringlich sie werden konnten. Für Nicole waren es die produktivsten Arbeitswochen ihres Lebens, für Martin war es die „Hölle". Er war „schockiert", schrieb er auf Twitter. Sie war es gewohnt.[45]

Auch im Journalismus sind derartige Experimente beliebt. Der deutsche Investigativjournalist Günter Walraff schlüpft besonders gerne in andere Rollen, um Dinge zu „verstehen", etwa wie es sich denn anfühlt als Schwarzer in Deutschland. Dafür ließ er sich mit schwarzer Farbe besprühen, um als somalischer Einwanderer, Kwami Ogonno, mit Kraushaarperücke, ausgebeultem Jutebeutel und versteckter Kamera im Knopfloch ein Jahr lang durch seine Heimat zu reisen. Als Kwami biederte sich Walraff Seniorengruppen beim Wandern an, wollte mit rechten Hooligans über Fußball plaudern und diskutierte mit Betrunkenen in einer Kneipe, warum sie ihn denn anpöbeln würden. Sein erkenntnisreiches Fazit: Als Schwarzer wird man ausschließlich über seine Hautfarbe definiert.[46]

All das dokumentiert, wie schlecht es um unsere Empathie bestellt ist, wenn derartige Selbstversuche notwendig scheinen, um sie erst zu entzünden. Braucht das deutsche Publikum tatsächlich einen angemalten *weißen* Mann, der in einer 88 Minuten langen Doku seine persönliche Blackface-Minstrel-Show abzieht, um sich in die Situation Schwarzer in Deutschland hineinversetzen zu können? Braucht es allen Ernstes einen Mann mit einer gefälschten Email-Signatur, der den „Wahrheitsbeweis" dafür erbringt, wovon Frauen täglich berichten? Muss die Identifikation bis in die letzte Faser gegeben sein, damit das Pathos meines Gegenübers bei mir auf fruchtbaren Boden fällt?

Erol Yildiz, Soziologe an der Universität Innsbruck, hat beobachtet, inwieweit der Identifikationsfaktor gewisse Debatten in Österreich und Deutschland mitbestimmt hat, insbesondere in punkto Rechtsextremismus. In den 90er Jahren brannten Asylheime in ganz Deutschland. Begonnen hat die Anschlagserie durch Neonazis in der sächsischen Kleinstadt Hoyerswerda 1991, später folgten Anschläge in Rostock-Lichtenhagen, Mölln, Solingen. Yildiz erinnert sich, wie die Brandstifter und Mörder in Schutz genommen wurden für ihre Taten: „Man hat sich komischerweise mit den Tätern identifiziert und auch in der Wissenschaft so argumentiert, dass die Täter die Armen seien, die keine Zukunft und keine Orientierung hätten." Er schüttelt den Kopf. „So desorientiert können sie nicht gewesen sein, wenn sie Asylheime anzünden konnten." Auch der deutsche Rechtsextremismus-Experte und Kriminologe Bernd Wagner, der 2000 gemeinsam mit dem ehemaligen Neonazi Ingo Hasselbach die Aussteigerorganisation Exit gegründet hat, weiß noch, wie viel Empathie die Deutschen den jungen Neonazis, vor allem am Land, entgegenbrachten. Dort hieß es nur: „Es waren unsere Kinder, unsere Jungs. Sie gehörten zur Gemeinschaft dazu."[47]

Sie waren Teil des „Wir", egal was sie verbrochen hatten. So schlimm konnten die Taten „unserer Jungs" gar nicht sein, als dass man am Ende gar mehr Empathie mit ihren Opfern empfinden hätte können. Die Logik setzt sich bis heute in der politischen Debatte fort, insbesondere zu Wahlkampfzeiten. Ausgedrückt wird sie durch eine Floskel: „Man muss die Ängste der Leute ernst nehmen."

Seltsamerweise sind es nie die Ängste jener, deren Unterkünfte abgefackelt werden, deren Adressen von der Polizei an Rechtsextreme weitergegeben werden, deren Existenz von Politikern mit jener von Ratten gleichgesetzt wird. Und es sind nach Wahlerfolgen rechtspopulistischer Parteien, egal ob in Österreich oder Deutschland, auch nicht sie, deren Befinden in Wahlanalysen im Mittelpunkt steht. Nicht sie werden zu runden Tischen eingeladen. Nicht sie sollen berichten, was es denn für ihr „subjektives Sicherheitsempfinden" und ihre Lebensqualität bedeutet, wenn sie feststellen, dass ihre Gemeinde, ihre Stadt, ihr Bundesland zu einem Gutteil einer Partei ihre Stimme gegeben hat, die deutschtürkische Politikerinnen in Anatolien entsorgen will und Rechtsextreme als Mitarbeiter beschäftigt.

„Wenn jemand von Rechtsextremen erschossen wird, ist das kurze Zeit für alle sehr dramatisch, aber das war es auch schon", sagt Soziologe Yildiz. „Dass gewisse unsichtbare Strukturen weiterhin gepflegt werden, von denen sogenannte Mehrheiten profitieren, wird aber nicht zum Thema gemacht. Und ebenso wenig die historische Kontinuität von Rassismus und Rechtsextremismus. Das empört niemanden."

Was muss passieren, damit es alle empört? Damit der Konsens darüber, was in einer Gesellschaft als „schlimm" erachtet wird, um einige Facetten erweitert wird?

Bis einer vor laufender Kamera stirbt

Pathos ist dem Zeitgeist unterworfen. Was einst als hehr empfunden wurde, wirkt heute schwülstig. Was früher noch toleriert wurde, ist heute geächtet. Was in einer Gesellschaft akzeptabel ist, wirkt in einer anderen übertrieben. Pathetische Selbstdarstellungsformen würden einem unaufhaltsamen Verschleißprozess unterliegen, schreibt der deutsche Literaturwissenschafter Reinhard Meyer-Kalkus: „Wir sind dann peinlich berührt, statt vom Pathos überrumpelt zu werden. Die Diskrepanz zwischen der Intimität des behaupteten Selbstverhältnisses und der Äußerlichkeit seiner akustischen Masken stößt uns ab, als ob etwas Intimes, das man allenfalls im Schweigen ertragen könnte, mit falscher Lautstärke und zu großer Geste posaunenhaft ausgeschrieen würde."[48] Wer mit seinem Pathos erfolgreich überrumpeln will, muss das richtige Maß finden, das richtige Timing, die richtige Lautstärke, sagt auch die Wiener Psychoanalytikerin Ulrike Kadi. „Es genügt nicht, dass man etwas sagt. Es gehört im richtigen Moment, im richtigen Tonfall und in der richtigen Intensität gesagt."

Nur dann hat das Pathos auch eine Wirkung. Es ist ein ungeschriebenes Gesetz, an das sich alle halten, marginalisierte Gruppen stärker noch als Mehrheiten. „Minderheiten haben ein größeres Bedürfnis nach Pathos und pathetischer Kommunikation, weil für die Mehrheit die Dinge selbstverständlich sind", erklärt Armin Scholl,

Professor für Kommunikationswissenschaft an der Universität Münster. „Denken Sie an den Begriff der schweigenden Mehrheit. Eine Mehrheit, die sich sicher fühlt in ihrer Mehrheitlichkeit, hat oft nicht dieses Bedürfnis, die Dinge hochzuhängen. Für sie läuft ja alles ganz normal."

Die schweigende Mehrheit hat es nicht nötig zu schreien. Die marginalisierte Minderheit schon, denn ihre Normalität kann sie schon einmal das Leben kosten. Und erst wenn das der Fall ist, hat sie auch die Aufmerksamkeit der Mehrheit. Nicht eher.

Im Mai 2020 war das wieder gut zu beobachten. Plötzlich war sie da, die internationale Empörung einer Mehrheit. Nachdem am 25. Mai der Schwarze George Floyd bei seiner Verhaftung in Minneapolis, Minnesota, von einem *weißen* Polizisten erstickt wurde, strömten Tausende weltweit auf die Straße, um gegen Polizeigewalt zu demonstrieren und um sich solidarisch zu zeigen mit der „Black Lives Matter"-Bewegung. Kommentatoren verglichen die Proteste mit jenen der amerikanischen Bürgerrechtsbewegung aus den 1960er Jahren. Sie hatte es damals geschafft, mit ihrer Protestwelle in Amerika „die nationale Debatte auf den Kopf zu stellen, die Medienberichterstattung über rassistische Diskriminierung zu ändern und dem Kongress eine neue Agenda aufzuzwingen"[49]. Der Einsatz zeigte damals Folgen: Es kam zum Civil Rights Act von 1964 – jenem Gesetz, das Diskriminierung aufgrund von Hautfarbe, Religion, Geschlecht und nationaler Herkunft verbietet und damit Amerikas Apartheid ein Ende setzte.

Die Reaktionen auf Floyds Erstickungstod hatten noch größeres Potenzial: nicht nur Amerikas nationale Debatte auf den Kopf zu stellen, sondern die internationale. Antirassismus schaffte es auf der ganzen Welt in die Primetime. Mit einem Mal wurden all die ansonsten so unsichtbar gemachten Expertinnen, die seit Jahrzehnten über rassistische Strukturen referierten, eingeladen, ihre Expertise doch mit der breiten Öffentlichkeit zu teilen. „Betroffene" wurden in die Talkshows, Radiosender und Kommentarspalten gebeten, um von ihren Erfahrungen zu erzählen, wie es denn so sei, wenn einem ungefragt durch die Haare gefahren wird, man keine Wohnung bekommt, von der Polizei grundlos angehalten, von Fremden bespuckt und verprügelt wird. Begriffe wie „White Privilege", „White Fragility" und „Woke" fanden Eingang in die Feuilletons. Statuen wurden entfernt, Keramikläden nahmen ihre kleinen Mohrennippes-Figuren aus dem Sortiment, Geschäfte änderten ihre Logos, Apotheken ihre Namen, „weil sich viele Menschen von gewissen Begriffen diskriminiert fühlten."[50] Und jeder Deutsche und jede Österreicherin schien plötzlich Alice Hasters Buch *Was weiße Menschen nicht über Rassismus hören wollen aber wissen sollten* auf dem Nachtkasten liegen zu haben.

Der *weiße* Mainstream war angefixt. Fast so, als würde er im Jahr 2020 zum ersten Mal von diesem ominösen Rassismus hören. Warum jetzt das internationale Bewusstsein, die „Wokeness"? Warum nicht schon 1999, als dem nigerianischen Asylwerber Marcus Omofuma bei seiner Flugzeug-Abschiebung von österreichischen Beamten der Mund zugeklebt wurde und er erstickte? Oder 2003, als der mauretanische Physikstudent Seibane Wague von österreichischen Sanitätern und Polizisten im Wiener Stadtpark zu Tode fixiert wurde? Oder 2012, als George Zimmermann, Mitglied einer Bürgerwehr, den Schwarzen Teenager Trayvon Martin in Sanford, Florida auf seinem Nachhauseweg erschoss und ein Jahr später von einem Geschworenengericht freigesprochen wurde? Oder 2016, als Adama Traoré in Paris in Polizeigewahrsam erstickte? Oder im März 2020, als die Notfallsanitäterin Breonna Taylor in ihrer eigenen Wohnung in Louisville, Kentucky von einem Polizisten erschossen wurde?

Hatten sie das falsche Timing? Rangen sie in der falschen Lautstärke um Luft? Erstickten sie im falschen Tremolo, dass es nicht für eine Solidaritätstrauerkachel auf Instagram reichte?

„Rassismus ist nicht schlimmer geworden, er wird jetzt nur gefilmt", sagte der Hollywoodstar Will Smith 2016 in der *Steven Colbert Show*. Er sprach damit einen wichtigen Punkt an.

Die kollektive Empörung bedarf nicht nur des Extrems – der Ermordung –, sondern auch noch des Beweises dafür. Erst dann schwappt das Pathos einer marginalisierten Gruppe in den Mainstream. Handykameras hielten Floyds Erstickungstod für die Nachwelt fest. Jeder konnte sie sehen, die 8 Minuten und 46 Sekunden, in denen der Familienvater am Boden nach Atem rang, ihn deutlich hören, wie er mit den Worten „Please, I can't breathe" um sein Leben bettelte, während der Polizist Derek Chauvin teilnahmslos auf seinem Nacken kniete. Mit einem Mal war die Weltöffentlichkeit aufgerüttelt. Mit einem Mal war Rassismus nicht länger ein abstraktes Konzept einer Minderheit, die ihren Alltag so missverständlich und unklar kommunizierte, für eine bislang sich nicht involviert wahrgenommene Mehrheit. Dieses Mal war er ganz real – und sie war involviert. In einem Interview mit *Deutschlandfunk* erklärt die deutsche Soziologin Natasha A. Kelly, warum dieses Video so viele aufrüttelte: Zum ersten Mal sahen alle die zwei Seiten der gleichen Medaille. Die Bilder haben „die unsichtbare Dimension des Rassismus sichtbar gemacht" und „die unsichtbare Dimension des Weißseins".[51]

Damit „sie" im „Wir" Gehör finden, müssen laut Kommunikationswissenschafter Armin Scholl zwei entscheidende wie perverse Parameter gegeben sein. „Ich fürchte, es gibt eine quantitative Extensität und Intensität", sagt er, „die Intensität ist der Schweregrad der Diskriminierung, im Fall von George Floyd war es die Ermordung. Die Extensität ist die Frequenz. Singuläre Beispiele reichen nicht. Es muss häufiger vorkommen."

Extrem und häufig. Erst wenn „sie" nur oft genug getötet werden, bekommen „sie" ein Stück vom „unserem" Pathoskuchen. Nicht eher.

Der Elendsolymp

Wer kriegt das größte Stück vom Pathoskuchen?

Im Zweifel sind die Kopfschmerzen eines Anrufers genauso schlimm wie die eigene Krebserkrankung. Das ist die erste Lektion, die Raul Krauthausen in seiner Ausbildung als Telefonseelsorger gelernt hat. „Es geht nicht darum zu werten und zu sagen: Jetzt stell dich nicht so an“, erklärt er. „Es geht darum, der Person den Raum zu lassen, zuzuhören und das eigene moralische Verständnis davon, was schlimm ist und was nicht, für den Moment des Anrufs hintenanzustellen.“

Jahrelang hat Krauthausen Menschen abends zugehört, wenn sie von ihren Problemen erzählt haben. Mittlerweile lässt es sein Arbeitspensum nicht mehr zu. Krauthausen ist Autor, Moderator, Medienmacher und Inklusionsaktivist. Viele kennen ihn aus dem Fernsehen. Auf Sport 1 hat der Berliner seine eigene Sendung, *Krauthausen Face to Face.* Auch sonst ist der Mann mit der Brixton-Kappe, den Glasknochen und dem Rollstuhl ein gern gesehener Gast im deutschen Fernsehen und auf Podien. Geduldig erzählt er dort etwa seine Lebensgeschichte, kritisiert die bevormundende Sprache, die Journalisten gerne verwenden, wenn sie über Menschen mit Behinderung berichten und fordert Inklusionsklassen, weil auch nicht-behinderte Kinder ein Recht darauf haben, mit behinderten zu lernen. Und er rückt den paternalistischen Blick einer vermeintlich dauermitfühlenden nicht-behinderten Mehrheit gerade, wenn er sie darüber informiert, dass auch ein Mensch mit Behinderung ein „Arschloch sein kann".

Ein bisschen streng wirkt Krauthausen jedes Mal dabei, mitunter gar etwas großspurig, aber meistens humorvoll. Auf die Tränendrüse drückt er nie. Das will er bewusst nicht. „Weil mich das selbst nervt, wenn das viele tun. Ich versuche eine alternative Sicht anzubieten", sagt er. „Ich versuche den Zuschauern und Lesern die Antworten nicht auf dem Silbertablett zu servieren. Vielleicht ist Pathos eine zu einfache Antwort auf die Realität, und die Realität ist nun einmal nicht einfach."

Einige irritiert Krauthausens Pathosgeiz. Warum es denn nicht ausleben in „seiner Situation"? Warum es nicht den Raum beanspruchen lassen, den es verdient hat? So wollte der deutsche Fernsehmoderator Jörg Thadeusz von ihm wissen, ob Krauthausen denn nicht versucht ist, mit seiner „Glasknochengeschichte“ dem einen oder anderen Anrufer bei der Telefonseelsorge zu antworten: „Pass mal auf, Schätzchen, die Probleme, die du mir da schilderst, sind keine Probleme, soll ich dir mal sagen, was ich für Sorgen habe?“[52]

Krauthausen lächelt dann freundlich und doziert, was er in seiner Ausbildung gelernt hat: Der Seelsorger muss sich zurücknehmen und der Anrufer hat das Problem. Punkt.

Für Thadeusz rangiert Krauthausen ganz oben in der Pathoshierarchie. Ein Mann im Rollstuhl mit leicht zerbrechlichen Knochen: Wer, wenn nicht einer wie er, hätte Anspruch auf ein großes Stück vom Pathoskuchen? Barrieren, Schmerzen, Diskriminierung, schiefe Blicke – all das würde ihn qualifizieren. Da können die eigenen Kopfschmerzen nur schwer mithalten.

Oder hätte vielleicht doch eine andere Person das viel größere Stück verdient? Sind ihre Schmerzen, Barrieren, ihre Diskriminierung viel größer?

Etwa eine Schwarze Frau?

Eine Schwarze queere Frau?

Eine Schwarze queere obdachlose Frau?

Eine Schwarze queere obdachlose Frau im Rollstuhl?

Hätte eigentlich nicht sie den größten Anspruch auf dieses Stück?

Im feministischen Diskurs gibt es für diese Hierarchie einen Namen: „Oppression Olympics", den Wettstreit darüber, wer das größte Leid, die größte Unterdrückung, die größte Diskriminierung erfährt. Bei dieser Olympiade würde die „unterdrückteste" Person als „Sieger" hervorgehen, die Goldmedaille gewinnen. Geprägt hat den Begriff die mexikanische amerikanische Autorin und Aktivistin Elizabeth Martinez. In einem Artikel für das *Z Magazine* schrieb sie 1993:

„For a Latina to talk about recognizing the multi-colored varieties of racism is not, and should not be, yet another round in the Oppression Olympics. We don't need more competition among different social groups for that 'Most Oppressed' gold. We don't need more comparisons of suffering between women and Blacks, the disabled and the gay, Latino teenagers and white seniors, or whatever."[53]

Martinez opponierte gegen die Oppression Olympics, auch als sie sich mit ihrer Mitstreiterin Angela Davis auf einem Podium an der University of California darüber austauschte, wie People of Color Allianzen bilden könnten. Jedwede Form der Hierarchisierung von Bedürfnissen in verschiedenen Communities sollte vermieden werden, so Martinez. Niemand sollte etwa behaupten, dass ein Frauenzentrum wichtiger sei als ein Kulturzentrum für Latinos. Beides hätte seine Berechtigung. Es gebe verschiedene Formen, um zusammenzuarbeiten, ob in Allianzen oder Netzwerken, langfristig oder nur für den Moment. Doch am Ende sei es essenziell, gemeinsam am gleichen Strang zu ziehen, um seine Forderungen durchzubringen.[54]

Raul Krauthausen ist diese Hierarchie suspekt. Viel eher scheint sie für ihn ein Konzept zu sein von *weißen* nicht-behinderten Menschen, die marginalisierten Gruppen eine derartige Rangordnung unterstellen würden. „Ich neide den Schwarzen oder den Frauen ja nichts", sagt er. „Ich bin nicht sauer auf diejenigen, die auch marginalisiert sind. Frauen haben genauso ein Recht gesehen zu werden wie Schwarze und wie Behinderte und umgekehrt. Als Mensch mit Behinderung sage ich zur Mehrheitsgesellschaft: Leute, es gibt noch mehr."

Doch wenn dieses Mehr Ansprüche stellt, bekommt es die Mehrheitsgesellschaft mit der Angst zu tun. Plötzlich mäkelt das Mehr über die reinen Männerpanels, die reinen Akademikerparlamente und die *weißen* Redaktionen. Plötzlich will das Mehr nicht nur gesehen werden, es will Teilhabe. Und dann steht jene Frage im Raum, die jede vermeintlich meritokratische Gesellschaft am meisten fürchtet: die nach der Quote. Nur die Besten sollten vorpreschen, lautet dann das Argument. Seltsamerweise scheinen die Besten meistens nur *weiße* nicht-behinderte

Männer zu sein. Wer sich die Parlamente, die Vorstände und Redaktionen in Deutschland, Österreich oder der Schweiz ansieht, wähnt sich in Parallelgesellschaften. Etwa, wenn im österreichischen Parlament mehr Bauern (8 %) als Migranten (4,9 %) sitzen, wobei nur 3 % der Bevölkerung als Landwirte arbeitet und 24 % der in Österreich lebenden Menschen ihre Wurzeln in einem anderen Land haben.[55] Oder wenn 75 % der in den Schweizer Nachrichten erwähnten Personen Männer sind.[56] Oder wenn Schwerbehinderte in Deutschland im öffentlichen Raum kaum zu sehen sind, obwohl sie ein Zehntel der Bevölkerung ausmachen.[57]

Was wenn all die sonst so unsichtbaren Gruppen plötzlich ihren Platz beanspruchen? Dann entsteht ein Unbehagen, von dem die deutsche Autorin Carolin Emcke in ihrem Buch *Gegen den Hass* geschrieben hat, „ob es nicht langsam zu viel sei mit der Toleranz, ob diejenigen, die anders glauben oder anders aussehen oder anders lieben, nicht langsam auch zufrieden sein könnten“[58]. Irgendwann ist Schluss mit dem Rumgenöle nach Repräsentation, gleichen Chancen und Rechten, irgendwann muss doch auch einmal „die Obergrenze für Gleichberechtigung“ erreicht sein. Und die ist nun einmal bei einigen tiefer als bei anderen. Wo kommen wir denn hin, wenn die Frauen, die Behinderten, die Schwulen, die Migrantinnen und all die anderen sich aus dem Elendsolymp verabschieden und sich in den Parlamenten, Redaktionen, Dax-Vorständen und Theaterhäusern wiederfinden? Wird es dann nicht ganz schön eng in den Zentren der Macht und Meinungsmache, der Kultur und Gesellschaft?

2012 hatten rund 350 Journalistinnen einen Aufruf unterzeichnet, in dem sie eine Frauenquote von mindestens 30 % in allen Hierarchien in deutschen Medien forderten. In einem Kommentar meldet sich dann der *Die Zeit*-Chefredakteur Giovanni di Lorenzo reuig zu Wort und erklärt, dass er lange den Sinn von Quoten nicht verstanden habe. Offenbar sei das ein blinder Fleck bei ihm, meinte er. Doch auch rational hatte sich etwas in ihm gegen die Quote gesträubt. Die Vorstellung einer positiven Diskriminierung einer Gruppe behagte ihm nicht. Hielt er doch daran fest, dass Begabung nun einmal immer das beste Qualifikationsmerkmal sei. Nun hat aber auch di Lorenzo eingesehen, dass es „merkwürdig" ist, wie „homogen und hermetisch" Redaktionen doch sind. „Es fehlt ja nicht nur an Frauen, es fehlt auch an Migranten, es fehlt an Ostdeutschen", kritisiert er, um dann zu dem Schluss zu gelangen: „Es hat keinen Sinn, für alles und alle eine Quote einzuführen. Doch nach jahrelanger Debatte um den Anteil von Frauen in der Führung ist es mit dem Lavieren nun einfach genug."[59]

Für die Frauen gibt es noch Platz. Bei ihnen ist mit dem „Lavieren" genug. Beim Rest macht eine Quote keinen Sinn mehr. Bloß nicht zu viele vom Elendsolymp holen.

Raul Krauthausen kann mit dieser Argumentation nichts anfangen. „Wir lernen grundsätzlich aus der Geschichte, dass nur Quoten Fortschritt bringen“, sagt er, „und ich will das Problem haben, dass wir vor lauter Quoten nicht weiterkommen, und dann verhandeln wir neu.“

Der Olymp im eigenen Haus

Dass tatsächlich diskutiert wird, wie Platz für alle gemacht werden kann, zu diesem Punkt kommt es in der Debatte sehr selten. Dafür sorgen schon die „hermetischen“ und „homogenen“ Räume und ihre Gatekeeper. Mit den Oppression Olympics. Direkt wie indirekt.

Mahret Ifeoma Kupka ist mit diesem Mechanismus vertraut. Die promovierte Kunstwissenschafterin ist Kuratorin am Museum Angewandte Kunst in Frankfurt. Sie gehört zu Deutschlands Intellektuellen, die sich immer wieder öffentlich zu Wort melden, wenn sich Deutschland zu wohl fühlt in seiner heteronormativen *weißen* Haut. Etwa als behauptet wurde, dass der Islam in Deutschland nichts verloren hätte, übernahm Kupka in Frankfurt mit *Contemporary Muslim Fashions* die erste weltweit umfassende und am de Young Museum in San Francisco kuratierte Museumsausstellung, die sich zeitgenössischer muslimischer Mode widmete. Viele hätten die Ausstellung lieber in einem ethnologischen Museum gesehen, denn was hätte muslimische Mode in einem deutschen Museum verloren? Oder überhaupt in einem Museum, schließlich seien Kopftücher doch keine Hochkultur, und am wenigsten eine westliche.

Auch in Restitutionsdebatten um geraubte Kunstobjekte mischt sich Kupka immer wieder ein und fordert eine Aufarbeitung der deutschen Kolonialgeschichte. Dafür würde sie, die in Deutschland geboren wurde, schon einmal gerne von rechten Hetzern nach Afrika ausgebürgert werden, wohin „eine afrikanische Immigrantin" auch gehöre, die sich erdreiste, in Deutschland solche Forderungen zu stellen.

Kupka, deren Vater aus Deutschland und deren Mutter aus Nigeria stammt, lacht, wenn sie von diesen Anekdoten erzählt. Die „angry black woman", der Stempel einer verängstigten Mehrheit, die insgeheim fürchte, dass die Schwarze Frau wegen all des Unrechts, das ihr widerfährt, austicke, kennt Mahret Ifeoma Kupka. Um diesen Stempel aufgedrückt zu bekommen, braucht frau noch nicht einmal wütend sein. Ihre bloße Existenz reicht, um zu provozieren.

Als antirassistische Aktivistin konnte sie beobachten, auf welche Arten sich die „Oppression Olympics" oder „Misery Olympics", wie sie alternativ genannt wird, gerieren kann, insbesondere wenn sie von außen nach innen schwappt. Wenn die Hierarchisierung plötzlich innerhalb marginalisierter Gruppen stattfindet. Als Beispiel nennt Kupka etwa die Colorism-Debatte. So nennt sich die Diskriminierung auf Grund der Hautschattierung. Dabei werden Menschen mit hellerem Hautton bevorzugt, jene mit dunklerem benachteiligt, und zwar auch innerhalb der eigenen ethnischen Gruppe.[60] Eine light-skinned Halle Berry versus eine dark-skinned Viola Davis etwa. Mahret Ifeoma Kupka tut sich schwer in diesen Debatten, wie sie gesteht. Als light-skinned Schwarze Frau weiß sie um ihre Positionierung innerhalb der Colorism-Hierarchisierung und den damit einhergehender Privilegien. Es ist ihr wichtig, diese stets zu reflektieren. „Um sich aus den betroffenen Communities heraus von diesen von außen aufgelegten rassistischen Praktiken zu emanzipieren, braucht es einen genaueren Blick, der die jeweiligen lokalen und historischen Kontexte einbezieht und auch Diskriminierungsformen wie Klassismus, Sexismus, Fatphobie oder Queer-Feindlichkeit berücksichtigt", sagt sie. Nur so kann verhindert werden, dass sich diese externen rassistischen Praktiken innerhalb der marginalisierten Communities reproduzieren.

„Die Kunst besteht darin, die Intersektionen im Blick zu haben und immer genau zu wissen, worum es gerade in einem spezifischen Fall geht, um Hierarchisierungen zu vermeiden und Leid nicht gegeneinander aufzuwiegen", erklärt sie. Für allgemeingültige Lösungen müssten Probleme strukturell betrachtet werden. Wichtig sei es, immer darauf zu beharren, worüber gerade gesprochen wird. Geht es um häusliche Gewalt oder um die Benachteiligungen am Wohnungsmarkt auf Grund der Hautfarbe, Religion, Ethnie? Geht es um diskriminierte

Arbeiterkinder im Bildungsbetrieb oder händchenhaltende schwule Pärchen, die auf offener Straße bespuckt werden?

Wer sich diesem Wettkampf des größten Leides entziehen will, muss klar abstecken, welches Problem, welche Benachteiligung, welches Pathos gerade adressiert wird. Darauf weisen zahlreiche Expertinnen hin. So stellt die deutsche Antirassismus-Expertin Tupoka Ogette in ihrem Buch *exit RACISM* klar, dass die Beschäftigung mit Rassismus und der individuellen Positionierung darin nicht die persönliche Leidensgeschichte jedes Einzelnen in Abrede stellt: „Es bedeutet lediglich, dass wenn wir über Rassismus sprechen, wir über Rassismus sprechen. Und nur weil wir uns die Zeit nehmen darüber zu sprechen, heißt es nicht, dass nicht alle anderen schmerzvollen Erfahrungen im Leben ebenso wertvoll, verletzend und hörenswert sind.“[61]

Das Stockholm-Pathos

Auf der Hut vor dem Pathos der anderen

Was passiert, wenn das Pathos der anderen ständig im Mittelpunkt steht? Wenn es alles verdrängt, sodass es den gesamten Raum dermaßen ausfüllt, dass daneben das eigene keinen Platz mehr hat?

Dann wird das fremde Pathos irgendwann zum eigenen.

Die deutsche Journalistin Kübra Gümüşay hat diesen Prozess in ihrem Buch *Sprache und Sein* genau geschildert, wie sie als muslimische Frau mit Kopftuch, eine „Benannte, die untersucht, analysiert und inspiziert wird", immer wieder von deutschen Medien angefragt wurde, ihnen doch bitte als gebildete Muslima den Islam zu erklären. Jahrelang ist sie dieser Einladung gefolgt. Sie hat

Interviews gegeben, saß auf Podien, in Talksendungen, immer mit dem Anspruch aufzuklären, zu entschärfen, die Debatte um „Leitkultur“, „der stillen Islamisierung“ und „Allahs rechtlose Töchter“ zu versachlichen. Bis ihr klar wurde, dass sie auf verlorenem Posten stand, schlimmer noch. Sie befeuerte indirekt mit ihren eloquenten Wortspenden ein Narrativ, das sie ablehnt: „Die Benannten sollten nur während der Inspektion sprechen. Und zwar nur auf die Fragen antworten, die ihnen gestellt werden. Sie leisten dem Folge, weil sie erklären wollen, wie sie wirklich sind, weil sie sich Freiheit von der Definition erhoffen. Geduldig versuchen sie sich verständlich zu machen, doch die Fragen sind so gestellt, dass jede Antwort die Kategorie bestätigen muss.“[62]

Gümüşay begriff, dass sie nur auf „Einsatz“ der „Unbenannten“ sprechen durfte, und zwar nur zu Themen, die die anderen als relevant empfanden. Als sie in einer Fernsehsendung zu Jugend und Politik auftreten sollte, wurde ihr freundlich mitgeteilt, dass man keine Frau mit Kopftuch dasitzen haben könnte, die nicht über ihr Kopftuch sprechen würde.[63]

„Die Fragen der anderen prägten, was ich über meine eigene Religion lernte, sie drängten meine eigenen Fragen, meine eigenen Interessen, meinen ureigenen Wissensdurst in den Hintergrund“[64], schreibt sie.

Das eigene Pathos wird nicht nur in den Hintergrund gedrängt, es wird gekapert. Der Blick auf die Welt ist nicht länger der eigene, sondern jener der anderen. Und ebenso der Blick auf sich selbst ist jener von außen. Der afroamerikanische Soziologe W. E. B. du Bois nannte das 1897 „Double Consciousness“, das doppelte Bewusstsein. Die Schwarzen Amerikas würden sich durch den Blick einer *weißen* rassistischen Gesellschaft sehen. Diesen *weißen* Blick haben sie verinnerlicht, ihrer Seele diesen Maßstab einer Welt angelegt, die nur „Spott und Mitleid“ für sie übrighat. „Stets fühlt man seine Zweiheit, als Amerikaner, als Schwarzer (Negro). Zwei Seelen, zwei Gedanken, zwei unversöhnte Streben, zwei sich bekämpfende Vorstellungen in einem dunklen Körper, den Ausdauer und Stärke allein vor dem Zerreißen bewahren“[65], schreibt er 1897 in dem Artikel *Strivings of the Negro People* in der Monatszeitschrift *Atlantic.*

Dieses Bewusstsein spiegelt das Verhalten und den Habitus eines Menschen, dem die Freiheit fehlt, die Unbeschwertheit und die Leichtigkeit, autonom Entscheidungen zu treffen, die aus einem Selbst geschöpft sind, das nicht kontaminiert wurde durch fremde Befindlichkeiten. Dieses Bewusstsein ist kein intellektueller Luxus, den man sich als besonders reflektiertes Individuum leistet, es ist für gewisse Gruppen unabdingbar, da es in erster Linie eine Schutzfunktion erfüllt, wie die afroamerikanische Feministin bell hooks erklärt. Schwarze hätten einen speziellen Blick auf die Realität, sie würden sie von außen sehen, aber genauso von innen: „Wir konzentrieren unsere Aufmerksamkeit sowohl auf das Zentrum als auch auf den Rand, weil unser Überleben von diesem Bewusstsein abhängt."[66]

Es ist also eine Frage des Überlebens. Gehe ich als Schwarzer Mann heute Abend joggen, oder lasse ich es lieber sein, weil sich irgendwer von meinem Schwarzen Körper dermaßen bedroht fühlt, dass er mich eventuell erschießen könnte, wie im Fall von Ahmaud Arbery? Soll mein Sohn einen schlabbrigen Kapuzenpulli tragen oder doch besser das schicke Hemd, wenn ich nicht will, dass ihn jemand für einen Kriminellen hält, weil ich genau weiß, welches Bild Schwarze in Kapuzenpullis nun einmal in gewissen Köpfen evozieren?

Die US-Sitcom *Blackish* parodiert dieses Bewusstsein. In der Serie über eine afroamerikanische Familie der oberen Mittelschicht spielt Anthony Anderson den Vater Andre, der als Manager in einer Werbeagentur arbeitet. In einer Szene wartet er auf den Lift. Als sich die Tür öffnet, steht da ein dreijähriges blondes Mädchen, das weint. Andre schaut das Kind mit Todesangst in den Augen an. Statt den Lift anzuhalten und mit dem Mädchen zu sprechen, wartet er in Schockstarre, bis sich die Tür wieder schließt. Seine *weißen* Kollegen analysieren im Konferenzraum sein unmögliches Verhalten, das die Überwachungskameras gefilmt haben. Sie sind erschüttert. Wie konnte er nur dieses kleine Mädchen seinem Schicksal überlassen. „Du Monster!", brüllt einer. Er ist entsetzt und schüttelt angewidert den Kopf. Seine

Schwarzen Kollegen verstehen ihn. Ein Schwarzer Mann alleine mit einem *weißen* Mädchen? Sicher nicht. „Wir haben nicht den Luxus hilfsbereit zu sein, weil wir konstant als Bedrohung wahrgenommen werden", kontert Andre abschließend die Vorwürfe.[67]

Der Schwarze Mann, die lauernde Bedrohung. Seit Jahrhunderten wird dieses rassistische Narrativ aus der Sklaverei aufrechterhalten, vor allem in Bezug zu *weißen* Frauen. Der hypersexualisierte Schwarze Mann, der seine Triebe nicht unter Kontrolle hat, und die *weiße* Frau, die Tugend, Moral und das Gute der amerikanischen Gesellschaft repräsentiert, angreift. Sie zu schützen dient als Vorwand für jede Form der Gewalt gegenüber Schwarzen. Amerikas *weiße* Frauen wissen um dieses Narrativ – und sie nutzen es. Bis heute.[68]

Als Amy Cooper im Mai 2020 von einem Schwarzen Mann in New Yorks Central Park darauf hingewiesen wurde, doch ihren Hund bitte an die Leine zu nehmen, wie es vorgeschrieben ist, wusste sie, welchen Stereotyp sie abrufen musste, um sich zu wehren. Als sie den Mann, der mehrere Meter von ihr entfernt stand, aufforderte aufzuhören sie zu filmen, drohte sie ihm mit einem Anruf bei der Polizei: „Ich werde ihnen sagen, dass ein afroamerikanischer Mann mein Leben bedroht." Wenig später machte sie ihre Drohung war: „Hier ist ein afroamerikanischer Mann, ich bin im Central Park, er filmt mich und bedroht mich und meinen Hund." Sie wiederholte ihre Anschuldigungen, dieses Mal eine Spur lauter, dramatischer und mit von Tränen erstickter Stimme.

Sie wusste, welche Reaktion das am anderen Ende der Leitung hervorrufen würde.

Amy Cooper ist kein Einzelfall. Immer wieder rufen *weiße* Amerikanerinnen den Notruf 911, wenn sie ihre Macht demonstrieren wollen. Ein Fall aus der jüngsten Geschichte katapultierte Amerika zurück in die Zeit, als kein Schwarzer vor den *weißen* Machtansprüchen sicher war. 2018 beschuldigte Teresa Klein, eine erwachsene Frau, dass sie ein Schwarzes Kind sexuell belästigt habe. Der neunjährige Junge habe ihr in einem Deli in Brooklyn an den Hintern gefasst, behauptete sie. Auch Klein wählte sofort den Notruf. Die Polizei solle sich der Sache annehmen. Sie beharrte darauf, obwohl die Anwesenden sie davon abzubringen versuchten und fragten, ob sie noch bei Sinnen sei, einem Kind die Polizei auf den Hals zu hetzen. Auf einem Video der Überwachungskamera des Ladens war zu sehen, dass der Junge sie keineswegs angefasst hatte, sondern lediglich sein Rucksack an ihr angestreift war.[69]

Ein Schwarzes Kind als Triebtäter. Diesen Mythos kennen Amerikas Schwarze. Sie haben ihn schon einmal auf schmerzvolle Weise durchlebt. 1955 hat die 21-jährige Carolyn Bryant behauptet, dass der 14-jährige Emmett Hill sie in Money, Mississippi, belästigt haben soll. Hill sei in ihren Gemischtwarenhandel gekommen. Der Teenager sei sowohl verbal wie körperlich zudringlich geworden. Er soll sie beschimpft haben, er habe ihre Hand und ihre Hüfte berührt. Drei Tage später entführten Bryants Ehemann und dessen Halbbruder den Jungen. Sie verprügelten ihn, stachen ihm die Augen aus und schossen ihm in den Kopf. Dann warfen sie seinen toten Körper in den Fluss.[70] Vor Gericht rechtfertigten sie ihre Tat damit, dass der Junge Carol Bryant belästigt haben soll. Die *weiße* Jury verstand. Sie sprach die Mörder frei.

2007 traf Carol Bryant den Historiker Timothy B. Tyson zu einem Gespräch, um das Erlebte Revue passieren zu lassen. Sie gestand, dass Emmett Hill sie nie belästigt hatte.

62 Jahre später gab sie zu, gelogen zu haben.[71]

Unter fremder Befindlichkeitsherrschaft

Wer permanent zur potenziellen Gefahr erklärt wird, muss wissen, wie er sich zu verhalten hat. Die britische Autorin Reni Eddo-Lodge erklärt in ihrem Bestseller *Why I'm no longer talking to white people about race*, wie ihr Bewusstsein sie in Alarmbereitschaft hält. Dass sie sich immer gewahr sein muss, in welchen Zirkeln sie etwa über Rassismus spricht. Tut sie es in den falschen, kann es sehr schnell sehr ungemütlich für sie werden. Kritisiert sie die rassistische Aussage der Kollegin? Kommentiert sie das politische Klima in ihrem Land? Oder beißt sie sich lieber auf die Zunge, um nicht als „Unruhestifterin“ dazustehen, die man besser nicht zum nächsten Abendessen einlädt, da die „angry black woman“ nur die Harmonie stören würde? Reni Eddo-Lodge beißt sich oft auf die Zunge, denn „du kannst dir nie sicher sein, wann aus einem Gespräch über Rassismus und *race* ein Gespräch wird, bei dem du um deine körperliche Sicherheit oder deine soziale Stellung fürchten musst“[72], schreibt sie.

Aktiviert ist ihre Alarmbereitschaft überall. Bei Neonazis oder Mitgliedern des Ku-Klux-Klans läuft sie auf Sparflamme. Da braucht sie sich keine Sorgen zu machen, da weiß Eddo-Lodge, woran sie als Schwarze Frau ist. Im vermeintlich wohlwollenden Umfeld wird es für sie gefährlich, bei den progressiven Denkerinnen, im eigenen Milieu von Akademikern und Intellektuellen, von Journalisten und Künstlerinnen, die zu gerne in einen selbstgefälligen Abwehrmodus schalten, sobald ihre Positionierung in rassistischen Strukturen zur Debatte steht. „White Fragilty“ nennt es sich, wenn Weiße mit ihrem rassistischen Verhalten und ihren Privilegien konfrontiert werden.

Robin DiAngelo, eine *weiße* amerikanische Soziologin und Erziehungswissenschafterin, hat den Begriff geprägt und in ihrem gleichnamigen Buch erklärt. Über 20 Jahre lang hat sie als Diversity Coach für Unternehmen gearbeitet. Sie hat festgestellt, dass Weiße bereits bei der Andeutung, dass ihr Weißsein eine Bedeutung haben könnte, die ihr Leben und ihre Ansichten formt, mit extremer Ablehnung reagieren. Sie ertragen es nicht, dass sie plötzlich die Benannten sind. Sie, die 24 Stunden am Tag in ihrem Weißsein als die menschliche Norm gesehen werden, überall repräsentiert sind und nie den sozialen Druck ihres Weißsein erleben müssen, sind überfordert, wenn sie diesen Druck dann plötzlich spüren. DiAngelo hat festgestellt, dass viele ihrer Workshop-Teilnehmer ein karikaturhaftes Bild von Rassisten haben. Nur „schlechte" Menschen könnten Rassisten sein, nur Neonazis und Ku-Klux-Klan-Anhänger, die beim bloßen Anblick eines Schwarzen Körpers die Knüppel herausholen müssen. Da sich für sie Rassismus ausschließlich explizit äußert, könnten sie selbst nie in diese monströse Kategorie fallen. Deshalb werden sie nie eingestehen können, dass auch sie, die „ganz normalen Menschen", sich rassistisch verhalten könnten: „Deshalb müssen wir unser Verständnis von Rassismus erweitern. Wir müssen lernen, die weiße Überlegenheit, die wir alle internalisiert haben, zu reflektieren"[73], appelliert DiAngelo in einem Interview.

Doch statt zu reflektieren, gehen die meisten in die Defensive. Attackiert würden sie sich fühlen, beschämt, beleidigt und verurteilt, wenn man sie auf ihr privilegiertes Weißsein hinweist, hat DiAngelo beobachtet. Viel wird dann auch geweint, solange, bis bestätigt wird – von

Nicht-Weißen – dass sie keine „Monster“ sind, keine schlechten Menschen, nur weil sie gerade einen rassistischen Kommentar gemacht haben. Plötzlich steht nicht länger das Thema des Seminars im Mittelpunkt, sondern die *weiße* Befindlichkeit. Sie muss getröstet werden. All die Aufmerksamkeit, Zeit und Energie werden in ihre Besänftigung kanalisiert. DiAngelo vergleicht es mit einem Unfall, bei dem ein Autofahrer einen Fußgänger angefahren hat. Man kümmert sich zuerst um den „traumatisierten“ Autofahrer, während der verletzte Fußgänger am Boden verblutet.[74] Oftmals wurde DiAngelo von ihren Auftraggebern gewarnt, dass die *weißen* Angestellten bereits von früheren Antirassismus-Trainings „traumatisiert“ seien. Eine interessante Formulierung für die Wissenschafterin, dass Weiße, sobald sie mit ihrem Weißsein konfrontiert verwenden, Begriffe verwenden, die mit Gewalt konnotiert sind.[75] Schwarze und People of Color wissen das. Deswegen beißen sie sich so oft auf die Zunge. Und deswegen ist „White Fragility“ auch eine „mächtige Form weißer Kontrolle“ und „weißen Mobbings“, sodass jene, die sie „attackieren“, schön den Mund halten.[76]

Tränen haben dabei eine besondere Macht. Ein bestimmter Mechanismus setzt durch den plötzlichen Wechsel auf die nonverbale Ebene ein, erklärt die Wiener Psychoanalytikerin Ulrike Kadi im Gespräch: „Sie machen den anderen zum Aggressor.“ Beim Gegenüber werde dabei

Scham erzeugt, die das Selbstbild erschüttert. Denn keiner will als Aggressor dastehen, keiner will sich denken: Wie böse bin ich eigentlich, dass ich so etwas bei jemand anderem auslöse. Als Therapeutin und Analytikerin ist Kadi oft mit den Tränen ihrer Klientinnen konfrontiert, wenn sie als Therapeutin etwas sagt, das schmerzhaft für die Frauen und Männer ist. Nie tröste sie Kadi dabei. „Ich gestehe jemandem schon zu, mich als Aggressorin zu erleben, aber das heißt nicht, dass ich deswegen eine Aggressorin bin", sagt sie. Wenn jemand in Tränen vor ihr ausbricht, versucht sie die Zusammenhänge zu verbalisieren, zu beschreiben, was in dem Moment gerade passiert, warum das, was sie gesagt hat, diese Emotion auslöst. „Schmerzhafte Dinge sind schmerzhaft", sagt sie. „Wir können sagen, dass wir sie deswegen nicht ansprechen, aber das würde es nicht besser machen."

Nein, es würde es wahrscheinlich nicht besser machen, das Pathos des Gegenübers bis zur Selbstzensur zu berücksichtigen, nur um nicht als böse Aggressorin dazu stehen. Doch für manche ist es nicht immer eine freie Entscheidung. Sie müssen die Tränen wegwischen, sie müssen trösten, sie müssen sich auf die Zunge beißen, nicht aus Verständnis, Zustimmung oder Komplizenschaft, sondern aus reinem Überlebenswillen. Immer auf der Hut vor dem Pathos der anderen. Denn wenn sie es nicht sind, riskieren sie nicht nur ihren Status, ihre Freiheit, sondern im schlimmsten Fall ihr Leben.

Die Pathos-PR

Alle Scheinwerfer auf mich

Pathos braucht eine Bühne. Und vor allem ein Publikum. Die eigene Überwältigung, Empörung oder Kränkung muss schließlich irgendwo bei irgendwem resonieren. Erst dann kann sich das Pathos entfalten. Erst dann provoziert es eine Reaktion von Solidarität oder Abwehr, von Teilhabe oder Ausgrenzung – und letztlich von Macht oder Ohnmacht.

Einigen reicht es, ihr Pathos auf der privaten Bühne auszuleben, am Esstisch vor der Familie, in der Konferenz mit den Kollegen, auf der Couch bei der Therapeutin, in der Interpunktion der Email an die alte Flamme.

Anderen reicht das nicht. Sie verlangen Reichweite für ihr Pathos. Mit Facebook, Twitter, Youtube oder Instagram kann sich jeder seine Instant-Bühne schaffen. Und wer sich gut dabei anstellt, sogar ein Millionenpublikum in diesen virtuellen Hallräumen erreichen.

„Im positiven Sinn hilft das diskriminierten Minderheiten. Im negativen Sinne macht das Diskurspositionen nicht nur sichtbar, sondern auch hoffähig, die wir eigentlich aus unserer Gesellschaft raushalten wollen", sagt Kommunikationswissenschafter Armin Scholl.

Die Peripherie antwortet plötzlich. Ohne Gatekeeper, ohne Filter, ohne Lautstärkeregler. Sie spricht selbst. Und sie spricht vor allem an gegen jene, die bis dahin mit ihren Perspektiven und Deutungsansprüchen unwidersprochen bleiben.

Ob Dissidentinnen, die in ihren Tweets Diktatoren bloßstellen, Gastarbeiterkinder, die mit ihren Hashtags das Happyland der Mehrheitsgesellschaft entzaubern, oder Rechtsextreme und Verschwörungsgläubige, die in ihren Videos vom totalitären System warnen, das sie, die „Patrioten" und „Querdenker", verfolgen und zensurieren würde.

Sie alle adjustieren die Scheinwerfer der Aufmerksamkeitsökonomie auf ihre Belange, ihre Befindlichkeit, ihr Pathos. Sie wissen, die traditionellen Medien werden diese Scheinwerfer nicht von alleine auf sie richten, und wenn, dann nie mit derselben Helligkeit und demselben Winkel, wie sie es bei Belangen eines „Zentrums" tun würde, das die Medien als solches mitkonstruiert hat.

Wir Gatekeeper aus dem Journalismus definieren, wer Peripherie ist und wer Zentrum. Wessen Geschichte in facettenreicher Recherche wiedergegeben wird und wessen als klischeehafte exotisierende Schablone. Wessen Drama es in die Schlagzeile schafft. Wessen Schicksal die berührende Reportage auf Seite 3 verdient. Wessen Denkanstoß ein Pro und Kontra und welcher sterbende Körper von der Bildredaktion verschont wird.

Wir bewerten Ereignisse nach ihrem Nachrichtenwert, dem news value, den nicht diese Ereignisse per se haben, sondern den wir diesen Ereignissen zuschreiben. Die Kommunikationswissenschaft definiert einige Auswahlkriterien, nach denen Medien diesen Nachrichtenwert bestimmen, wie z.B. Prominenz, lokale Nähe, Relevanz.[77]

Für den Kommunikationswissenschafter Scholl ist es vor allem ein Kriterium, das darüber bestimmt, wer von uns als Teil der verzerrten Realität – da es sich ja nur um eine verdichtete Auswahl handeln kann – wiedergegeben wird: Nähe. Wer uns geografisch, politisch oder kulturell nahe ist, bekomme den Platz auf der Seite 3, das Rampenlicht. „Meine Befürchtung ist, dass der Diskriminierung etwa nur dann journalistisches Gewicht beigemessen wird, je näher uns die Betroffenen stehen."

Er erinnert sich an die Berichterstattung über das deutsche Neonazi-Terrortrio Nationalistischer Untergrund aus Jena, den NSU. Zwischen 2000 und 2007 haben Uwe

Mundlos, Uwe Böhnhardt und Beate Zschäpe zehn Menschen ermordet, eine Polizistin und neun Männer, von denen acht aus der Türkei und einer aus Griechenland stammten. „Dönermorde“ nannten es die Behörden und die Medien. Ermittelt und berichtet wurde ausschließlich im Umfeld der Opfer. Die Polizei verdächtigte die ermordeten Männer mit Drogen zu handeln und in Schwarzgeldgeschäfte involviert zu sein. Sie ging sogar so weit, in der Türkei Nachforschungen anzustellen, in die Dörfer der Männer zu fahren, ihre Nachbarn dort zu befragen und Beweise zu sammeln, statt den Hinweisen in Deutschland zu folgen. Erst 2011, als sich die zwei Terroristen Mundlos und Böhnhardt nach einem Banküberfall in ihrem Wohnmobil erschossen und Beate Zschäpe im Anschluss ein Bekennervideo an verschiedene Medien schickte, kam Licht in die Sache. Erst als die Täter sich selbst entlarvten, wurde das Scheinwerferlicht angepasst, plötzlich andere Zusammenhänge hergestellt, andere Personen interviewt. Und siehe da, irgendwann waren es die Angehörigen der Opfer, die in den Magazinen porträtiert wurden und dort über mehrere Seiten ihre Geschichte erzählen sollten.[78]

Wer in den Redaktionen sitzt, bestimmt darüber, was „uns“ nahe geht, womit „wir uns“ identifizieren, und damit auch, welches Ereignis „für uns“ relevant ist. Dass die deutschsprachigen Redaktionen ein Diversitätsproblem auf allen Ebenen haben, wird nicht zum ersten Mal kritisiert.[79] Ein Elfenbeinturm voller *weißer* Akademiker sind sie. Gerne würde man die Gesellschaft adäquater spiegeln, nur sei es so verdammt schwer, qualifizierte Frauen, Migranten, Arbeiterkinder etc. zu finden.

Im August 2020 etwa schreibt Detlef Esslinger, der sich seit 2008 um die Ausbildung künftiger Redakteure bei der *Süddeutschen Zeitung* kümmert, dass sich leider fast nur Menschen mit Studium bei ihnen bewerben würden, dabei „stünden einer Redaktion auch Menschen mit abgeschlossener Lehre gut an".[80] 2011 klang das noch anders. Da antwortet Esslinger in einem Branchenmagazin auf die Frage, welche Vorbildung er von Bewerbern erwarten würde: „Abgeschlossenes Studium muss sein, am liebsten ein Master-Abschluss."[81]

Am Ende bleiben die meisten Redaktionen dann doch lieber bei Lars, Jan und August aus den Stuckdeckenvierteln hängen. Dabei ist man doch egalitär, wird doch schließlich als einziges Qualifikationsmerkmal – laut *Die Zeit*-Chefredakteur Giovanni di Lorenzo – die Begabung herangezogen. Die Soziologin Klarissa Lueg hat 2012 in ihrer Doktorarbeit *Habitus, Herkunft und Positionierung: Die Logik des journalistischen Feldes* drei deutsche Journalistenschulen genauer untersucht. Das Ergebnis: 68 Prozent stammen aus einem „hohen" Herkunftsmilieu. Ihre Eltern sind meistens Akademikerinnen, die Väter überdurchschnittlich oft promoviert oder habilitiert.[82]

Aus diesem Pool von Professorenkindern schöpfen die Redaktionen ihr Personal. „Wenn immer dieselbe Art von Leuten aus diesen Schulen hervorkommen, die dieselbe Art von Reportagen schreiben, die dann mit Preisen prämiert werden, ist das ein sich selbst verstärkendes System, das zur Homogenität führt", kritisiert Kommunikationswissenschafter Scholl. Die ohnehin schon marginalen Unterschiede der Studierenden in diesen Schulen würden spätestens durch den „Wahrheits- und Professionalitätspathos" der Lehrenden gänzlich verschwinden, so Scholl: „Dadurch bekommen die Absolventen nicht die gesamte Bandbreite von Zugängen und Berichterstattungsmustern dargeboten."

Die Folge: Alles klingt gleich. Wer sich die nominierten Texte für prestigeträchtige Journalistenpreise durchliest, gewinnt den Eindruck, dass sie alle von einer Person geschrieben wurden. Und je nach aktuellem Trend ist der Ton mal trockener, mal pathetischer.

Derzeit ist der Ton pathetisch, insbesondere im Magazinjournalismus. Im postfaktischen Storytelling wird mehr gefühlt als beschrieben. Kein Text scheint mehr ohne ein großes Ich auszukommen, fast so als herrsche die Angst vor, dass nur dieses Ich für genug Glaubwürdigkeit und Authentizität sorgen kann. Nur die selbst erlebte Vergewaltigung geht dem Publikum an die Substanz, die selbst erlebte Überfahrt auf dem Schlauchboot im Mittelmeer, die selbst erlebte Kindheit im Plattenbau muss in fast schon pornografischer Nähe dem Publikum exponiert sein. „Selfiejournalismus kann durchaus unterhaltsam sein. Weniger lustig wird's, wenn das vermeintlich Authentische auch gleich noch als exemplarisch gilt"[83], kritisierte die Publizistin Cora Stephan den Befindlichkeitsjournalismus ihrer Branche. Das Einzelschicksal wird auf das große Ganze hochgerechnet. Und mittlerweile beginnt das Einzelschicksal bequemerweise gleich beim Autor selbst.

Der Nabelschau-Journalismus beflügelt nicht wenige zu voyeuristischen Experimenten. Um mitzuhalten im Wettstreit um Klicks und Quote kramt jeder und jede in der eigenen Anekdotensammlung. Medien räumen dem publizistischen Striptease gerne Platz ein, vor allem jenen von marginalisierten Gruppen. Sie sollen regelmäßig über ihr Marginalisiert-Sein berichten, am besten mit Hinweisen auf die eigene Analphabetenmutter, den eigenen prügelnden Vater, den Bruder, den der Türsteher vor dem Club immer abwies, die Freundin, die einem immer durch das krause Haar fahren wollte. Nähe, das ist schließlich das oberste Gebot. Nur wer ganz nahe dran ist, erreicht das Publikum, so der Glaube vieler Medienmacher. Und es hat einen angenehmen Nebeneffekt. Mit den berührenden Ich-Geschichten lassen sich bequem gewisse Themen und Personen auslagern. Wozu kontinuierlich und sachlich von der Systematik eines Problems berichten, wenn es die Kolumnistin mit ihrer Familiengeschichte Woche um Woche tut.

Letztlich ist der aktuelle Befindlichkeitsjournalismus auch eine Vertrauenskrise der Branche in die eigene Wirksamkeit und Relevanz. Wie informieren, wenn man ungehört bleibt in der Kakophonie von empörten Tweets, rührseligen Insta-Storys und aufrüttelnden Facebook-Kommentaren, die im schlimmsten Fall noch von Troll-Armeen dirigiert werden?

„Wenn wir gehört werden wollen, müssen wir nach den Regeln von Social Media spielen. Dazu gehört eindeutiges Framing, die richtigen Schlagworte oder der Appell an Emotionen“[84], sagt Thomas Laschyk in einem Interview mit der *taz*. Er ist Gründer des Anti-Fake-News-Blogs *Volksverpetzer*, der es sich zum Ziel gemacht hat, mit Gegenargumenten und Quellen Hass im Netz zu begegnen. 2019 wurde der Blog mit dem Social-Media-Preis „Blogger des Jahres“ ausgezeichnet. „Sie checken Fakten“, begründete die Jury ihre Entscheidung.[85]

Faktencheck. Selbst bei dieser trockenen Materie spielt der emotionale Appell eine Rolle, und sei es nur in reißerischen Titeln, wie Laschyk im Interview gesteht.

Ethos, Logos, Pathos. Logos vor Pathos lautete die Formel der aristotelischen Rhetorikkehre. Argument vor Gefühl. Der emotionale Appell dient nur als Transportmittel für die eigentliche Sache. Wie ein Boot und sein Passagier. Mittlerweile gleicht das Boot hingegen mehr einem riesigen Dampfer. Und nur wer ihn navigiert, kann auch Wellen schlagen.

Das Pathosskript für echte Opfer

Die Schweizerin Nora Scheidegger hat so einen Dampfer in Aktion erlebt. Wie er langsam die Richtung ändert. Und dann plötzlich dermaßen hohe Wellen schlägt, dass ihn weder die Politik noch die Justiz länger ignorieren kann. Scheidegger ist Juristin. Sechs Jahre arbeitete sie an der Universität Bern am Institut für Strafrecht und Kriminologie. Ihr Spezialgebiet: das Schweizer Sexualstrafrecht.

Die Schweiz hat einen speziellen Zugang zu der Thematik. Etwa beim Tatbestand der Vergewaltigung. In der Schweiz werden nur Frauen vergewaltigt. So definiert es das Gesetz. Es bezeichnet die Vergewaltigung ausschließlich als Nötigung einer „Person weiblichen Geschlechts zur Duldung des Beischlafs", die nur vaginal stattfinden kann. Anal oder oral wird in der Schweiz nicht vergewaltigt, höchstens sexuell genötigt. Die Nötigung sieht im Gegensatz zur Vergewaltigung keine Minimalstrafe vor, sondern kann notgedrungen auch finanziell abgegolten werden.[86]

Außerdem ist Sex gegen den Willen des Opfers in der Schweiz noch nicht zwingend eine Vergewaltigung oder eine sexuelle Nötigung. Der Täter muss schon ein „Nötigungsmittel" anwenden, also gewalttätig sein, Gewalt androhen oder das Opfer widerstandsunfähig machen, damit die Tat strafrechtlich als Vergewaltigung oder sexuelle Nötigung qualifiziert wird. Zudem muss sich das Opfer mit einem „zumutbaren Widerstand“ wehren. Wird dieser Widerstand durch das Nötigungsmittel gebrochen, wird aus dem Sex ein Sexualdelikt. Wer in der Schweiz „nur“ Nein sagt, hat vor Gericht kaum eine Chance. Sich „lediglich“ verbal zu wehren, reicht der Schweizer Judikatur meist nicht. Sie will Pathos biblischen Ausmaßes. „Schon in der Bibel steht, dass eine Frau, die vergewaltigt wurde, laut um Hilfe schreien muss. Diese jahrtausendealte Vorstellung ist immer noch in einem gewissen Ausmaß da“, kritisiert Nora Scheidegger, die mittlerweile am Max-Planck-Institut zur Erforschung von Kriminalität, Sicherheit und Recht in Freiburg im Breisgau arbeitet.

Für Scheidegger war ein Fall ausschlaggebend für ihre Forschung. Sie las von einem Urteil des Bundesgerichts, das einen Mann vom Vorwurf der Vergewaltigung und sexuellen Nötigung freigesprochen hatte, obwohl er Sex mit einer Frau gegen ihren Willen hatte. An einem Samstagabend im Oktober 2006 war er mit ihr, seiner ehemaligen Partnerin, ausgegangen. Die beiden verbrachten die Nacht in seiner Wohnung. Dort versuchte sich der Mann mehrfach der Frau zu nähern. Sie wehrte ab. Als er anal in sie eindrang, schrie sie und verpasste ihm eine Ohrfeige. In den Morgenstunden am Sonntag drang er gegen ihren Willen noch einmal anal ein, dann mit dem Finger und anschließend vaginal. Am frühen Vormittag dann noch einmal vaginal, obwohl sie weinte und ihn als „Arschloch" beschimpfte.

Das Gericht sah darin keine Vergewaltigung. Es begründete seine Entscheidung damit, dass der Mann in dieser Nacht weder Gewalt angewendet noch Gewalt angedroht hat und dass es der Frau zuzumuten gewesen wäre, Widerstand zu leisten, etwa das Zimmer zu verlassen.

Für das aktuelle Schweizer Strafrecht war der Fall klar: Das, was in dieser Nacht geschah, war keine Vergewaltigung, obwohl die Frau Nein gesagt, obwohl sie ihn Arschloch genannt hat, obwohl sie ihm eine Ohrfeige verpasst hat. Obwohl er gegen ihren Willen gehandelt hat.

Auch für Nora Scheidegger war der Fall klar. Was soll das sonst gewesen sein, wenn nicht eine Vergewaltigung?

Vier Jahre lang hat sich die Juristin für ihre Dissertation mit solchen Fällen beschäftigt. 2018 ist ihre Doktorarbeit erschienen: *Das Sexualstrafrecht in der Schweiz. Grundlagen und Reformbedarf.* Es sind 412 Seiten und ein Appell: nichts Geringeres als die Reform des Schweizer Sexualstrafrecht. Darin plädiert sie dafür, dass sexuelle Handlungen gegen den Willen – Nein heißt Nein – oder gar ohne Einwilligung – Ja heißt Ja – zu Straftaten erklärt werden. Nur einvernehmlicher Sex ist Sex, alles andere soll ein Verbrechen sein.

Im Schweizer Magazin *Republik* erläuterte Scheidegger ihre Vorschläge.[87] Und plötzlich setzte sich der Pathosdampfer in Bewegung. Es folgte noch ein Artikel und noch einer. Immer mehr Journalistinnen meldeten Interesse an. Scheidegger wurde auf Podien eingeladen, in Fernsehstudios, in Beratungsmeetings. Amnesty International Schweiz bat sie zur Mitarbeit an der Kampagne „Erst Ja, dann ahh“, die als „provokante Consent-Kampagne“ breit diskutiert wurde. Und mit einem Mal meldeten sich Prominente zu Wort. Influencerinnen erzählten von ihren Missbrauchserfahrungen, der einen Nacht, in der auch sie „nur“ Nein gesagt hätten und der Mann trotzdem weitergemacht hat, weil er den Widerstand nicht richtig interpretieren konnte oder wollte.

Das Thema war auf allen Kanälen. In den Nachbarländern, Österreich und Deutschland, war es das „bereits“ 2016.[88] Dort gilt seither die „Nein ist Nein“-Regelung, strafbar ist, wer sexuelle Handlungen gegen den Willen des anderen vornimmt, auch wenn es zu keiner Gewalt oder Drohung kommt. Die Schweizer Politik tangiert das Ausland wenig. Im Gegenteil. Als die Schweden 2018 verkündeten, dass in ihrem Land von nun an das Einverständnisgesetz gilt, das sexuelle Handlungen ohne Einwilligung – die verbal oder non-verbal erfolgen kann – unter Strafe stellt, gab es nur Spott und Häme. Vom Notar im Schlafzimmer war die Rede. Von Vertragsabschlüssen unter der Bettdecke.

Doch irgendwann kam selbst die Schweizer Politik nicht mehr drum herum, das antiquierte Sexualstrafrecht zu überdenken. „Die Politik hat zuerst noch Nein gesagt, bis der öffentliche Druck so groß war, dass sich die zuständige Rechtskommission der Sache angenommen hat“, erzählt Nora Scheidegger. Nun wird an einer Reform gebastelt. Es könnte sich nur mehr um wenige Jahre handeln, bis auch die Schweiz ein Sexualstrafrecht bekommt, in dem Sex gegen den Willen nicht ungestraft bleiben soll.

Mit einem Mal. Der Dampfer änderte seinen Kurs. Und siehe da: ein neues Gesetz.

„Es war der öffentliche Druck, nicht die Argumente“, stellt Scheidegger klar. Denn die Argumente gibt es seit Jahrzehnten. „Meine Idee aus der Dissertation ist nicht neu, die ist 30 Jahre alt“, sagt sie. Aber nur eine Minderheit hätte damals diese Idee vertreten. Für die Mehrheit – alt, weiß, männlich – auf der Regierungsbank, im Parlament und in der Schweizer Rechtswissenschaft war eine differenzierte Opferperspektive so abstrakt wie das Leben im All. Sie hatte eine klare Vorstellung, wie sich ein Opfer zu verhalten hatte. Für sie war das Pathos einer sexuell missbrauchten Person – in ihren Augen ausschließlich einer Frau – klar abgesteckt. Einer Frau, die nur Nein sagt, kann nichts „Schlimmes“ widerfahren sein.

Sie muss sich wehren, aufgelöst sein und voller Pathos den Missbrauch den Behörden unmittelbar nach dem Ereignis wiedergeben, weiß Scheidegger: „Ganz viele Opfer entsprechen diesem Bild nicht. Die Gegenwehr oder auch nur lautes Schreien ist die Ausnahme. Untersuchungen haben gezeigt, dass 70 Prozent der Opfer in eine Schockstarre fallen. Das ist eine normale und biologische Reaktion, die man nicht steuern kann. Das wissen aber viele nicht, selbst heute noch."

Für Außenstehende sei es konterintuitiv, wenn Opfer etwa am Tatort bleiben, den Kontakt zu dem Täter aufrechterhalten und nicht um Hilfe schreien. Wenn sie sich eben nicht an das erwartete Hollywood-Skript eines Vergewaltigungsopfers halten. In der Strafverfolgung hat das Konsequenzen. „Je eher ein Opfer diesem Skript folgt, desto bessere Chancen hat es auch vor Gericht", berichtet Scheidegger, „umgekehrt werden solche konterintuitiven Verhaltensweisen oft bei der Urteilsbegründung aufgeführt, warum man so große Zweifel hat, ob sich das tatsächlich so zugetragen hat."

Nur wer sich penibel an das Skript hält, hat die Chance zu seinem Recht zu kommen. Alles andere ist suspekt.

In *An Unbelievable Story of Rape* haben die zwei US-Journalisten Christan Miller von Pro Publica und Ken Armstrong vom Marshall Project so einen suspekten Fall bis ins Detail dokumentiert. Für ihre Arbeit wurden sie mit dem Pulitzer-Preis ausgezeichnet. In ihrem Artikel berichten sie von Marie Adler, einer jungen Frau, die ihre Kindheit und Jugend in Pflegefamilien verbracht hatte. Marie meldet im August 2008 der Polizei, wie ein fremder Mann eines Nachts in ihre Wohnung eindrang, ihr die Augen verband, sie fesselte und sie dann vergewaltigte. Immer wieder wird sie von den Polizeibeamten – ausschließlich Männern – aufgefordert, das Erlebte zu erzählen. Sie tut es. Immer im selben Ton, immer mit derselben Sachlichkeit. Nie verliert sie die Fassung. Ihre ehemaligen Pflegemütter irritiert ihre Gefasstheit, wie sie von der Vergewaltigung berichtet, als handle es sich um die Folge einer Fernsehserie. Müsste sie nicht viel aufgelöster sein? Viel hysterischer? Eine der Mütter war selbst vergewaltigt worden. Sie wisse, wie eine „normale" Reaktion auf einen derartigen Vorfall auszusehen habe. Und Maries Reaktion sei nicht normal. Die Pflegemütter teilen ihre Zweifel mit den Behörden, dass sich die Vergewaltigung womöglich gar nicht zugetragen haben könnte, dass Marie sie erfunden habe, dass sie ein verwirrtes Kind sei, das nur nach Aufmerksamkeit suche. Auch die Behörden zweifeln an Maries Aussagen, da sie weder Beweise sicherstellen konnten, noch Maries Erzählung durchgehend konsistent ist. Sie üben Druck aus auf Marie, bis die ihre Aussagen schließlich zurücknimmt, woraufhin sie zu einer Geldstrafe verurteilt wird. Jahre später finden zwei Detektivinnen heraus, dass Marie Adler zu den Opfern des Serienvergewaltigers Marc O' Leary zählte. Der ehemalige Armeeveteran wurde 2011 wegen Vergewaltigung in 28 Fällen zu 327 ½ Jahren Gefängnis verurteilt.[89]

Marie hatte die Wahrheit gesagt. Nur eben nicht so, wie es von ihr erwartet worden war.

Wer sein Pathos nicht den Standards entsprechend einzusetzen weiß, hat nicht nur keine Wirkungsmacht auf andere, er läuft Gefahr, sogar seine Selbstbestimmung zu verlieren.

Im Strafrecht gilt das für Opfer wie für Täter.

In der Regel will das Recht eine sterile Materie sein, eine, in der Emotionen nichts verloren haben. Es soll entdramatisieren und versachlichen. Nicht die verletzte Befindlichkeit des Individuums ist im Fokus, sondern ob die verletzte Befindlichkeit eine Rechtsverletzung zur Folge hatte. Dennoch spielt das Pathos eine Rolle, etwa wie hoch denn eine Strafe für eine Tat bemessen wird.

„Wenn man in einer entschuldbaren heftigen Gemütsbewegung handelt, kann die Strafe gemildert werden", erklärt Scheidegger. Auch wurden früher Männer, die ihre „untreuen" Ehefrauen oder Geliebten getötet hatten, oft lediglich wegen Totschlags verurteilt, der im Gegensatz zum Mord einen niedrigeren Strafrahmen vorsieht, weil der Täter ja im „entschuldbaren" Affekt gehandelt habe. Er war nicht mehr Herr über seine Eifersucht und Gefühle. Mittlerweile hat sich das geändert. Nun wird der Femizid oft als Mord qualifiziert, weil auch für die Schweizer Justiz „das Besitzdenken" am weiblichen Körper, wie Scheidegger erklärt, nicht länger als Ursache für eine entschuldbare heftige Gemütsbewegung eines mordenden Partners nachvollziehbar ist.

Je nach Herkunft wird das Pathos eines Täters unterschiedlich von den Behörden bewertet. In einer Studie zu jugendlichen Straftätern in den USA kamen die Studienautoren George Bridges und Sara Steen zu dem Ergebnis, dass Justizbeamte beim Strafausmaß unterschiedliche Parameter anlegten.[90] Bei *weißen* Jugendlichen wurden externe Faktoren berücksichtigt, etwa dass sie aus armen Verhältnissen stammten, Gewalt erfahren hatten oder drogenabhängig waren. All diese Faktoren führten zu unüberlegten und gar kriminellen Entscheidungen.

Dementsprechend wurde auch das Strafmaß an diese Umstände angepasst. Wer eine arme Mutter zu Hause sitzen hat und selbst an der Nadel hängt, ist nun einmal anders affiziert als jemand, der das nicht ist. Bei Schwarzen Jugendlichen spielten diese Faktoren hingegen keine Rolle, da ging man davon aus, dass sie von Natur aus eher anfällig seien für kriminelles Verhalten und dementsprechend weniger fähig waren, Reue für ihre Taten zu empfinden. Das schlug sich auch in den Urteilsverkündungen nieder. So wurden Schwarze Jugendliche mit einem höheren Strafmaß für das gleiche Delikt bestraft als *weiße*.

Ihnen hätte es noch nicht einmal etwas gebracht, sich an ein gewisses Skript zu halten, ihr Pathos bleibt unsichtbar. Oder steht unter Verdacht.

Das musste auch der Wiener Psychotherapeut Erwin Klasek immer wieder beobachten. Seit 1992 praktiziert er, unter anderem für Hemayat, ein Betreuungszentrum für Folter- und Kriegsüberlebende. Viele Männer und Frauen aus Tschetschenien und Syrien hat er betreut. Früher hat er seine Klienten, Asylwerber, als moralische Unterstützung zu Gerichtsterminen begleitet. Er stellte fest, wie oft das Pathos in der Urteilsbegründung von Asylbescheiden herangezogen wurde. Immer wurde die emotionale Beteiligung der Personen erwähnt, entweder waren sie zu kalt bei der Ausschilderung ihrer Erlebnisse oder zu übertrieben. In beiden Fällen wurde das Erzählte vom Gericht als unglaubwürdig abgetan. Oft wurde Klasek um therapeutische Stellungnahmen und Gutachten gebeten. „Ich habe versucht, bei den Befunden mein Pathos schriftlich zu vermeiden, damit niemand sagen kann, der will auf die Tränendrüse drücken", erzählt er. „Ich habe trocken beschrieben, wie es dem Menschen ergangen ist beim Erzählen oder Erinnern." Die Person sinkt in sich zusammen, unterdrückt Tränen, das Gesicht vergreist binnen weniger Minuten beim Erinnern. So etwas. Mehr nicht. Er wusste, wie es um die „österreichische Beamtenseele" bestimmt war, sagt er. „Wenn die Zuständigen interkulturelles Wissen haben und das Herz am richtigen Fleck, können die eine emotionale Erzählung als glaubwürdig einschätzen, aber wenn sie sowieso drauf aus sind jeden abzulehnen, wird es schwierig."

Wie diesen emotionalen Eisberg umschiffen, wenn die Karten für Angehörige marginalisierter Gruppen ohnehin schlecht stehen?

Weitermachen, solange, bis man eine Mehrheit für sein Anliegen gefunden hat, rät die Schweizerin Nora Scheidegger. Viel Skepsis schlug ihr entgegen, als sie anfangs zur Reform des Sexualstrafrechts forschte. Einzelfälle seien das doch nur, die sie da dokumentieren würde. Wie vielen Opfern würde so etwas schon passieren, dass sie passiv da liegen und nur Nein sagen?

„Das Strafrecht spiegelt sehr stark die Machtverhältnisse der Mehrheitsgesellschaft", sagt Scheidegger. „Alles, was der Mehrheitsgesellschaft nützt sich als Gruppe zu definieren und sich gegen andere abzugrenzen, findet Anklang, während Anliegen, die nur einer Minderheit oder einer marginalisierten Gruppe nutzen, aber potenziell die ganze Gesellschaft betreffen, es wahnsinnig schwer haben."

Bei Gesetzen, wie etwa dem Verbot der Genitalverstümmelung, der Zwangsehe oder einer Verschärfung des Ausländerstrafrechts, ist schnell einmal ein Konsens gefunden. Schließlich treffe das ja „nur" nur eine Minderheit. Denn für das Gros des Schweizer Wahlvolkes spielt es schlichtweg keine Rolle, wenn kriminelle Ausländer abgeschoben werden, da es sie nie betreffen wird. Sex hingegen hat fast jeder. Und potenziell Grenzen zu überschreiten ist auch eine Angelegenheit, die jeden betreffen könnte.

Scheideggers Fazit: „Ein Anliegen von einer Minderheit, das potenziell die Mehrheit betrifft, hat keine Chance, solange man nicht annähernd eine Mehrheit dafür findet."

Erst mit einer Mehrheit setzt sich der Dampfer in Bewegung.

Der Gamechanger

Pathos kann Berge versetzen. Kleine wie große. Aristoteles wollte, dass es das Publikum in der antiken Tragödie dermaßen bewegt, dass es sich selbst reflektiert, sein Leben abklopft, um dann ethischer, von allen Affekten gereinigt, seines Weges zu gehen.

Aufrütteln soll das Pathos. Den Status Quo umkrempeln. Nicht umsonst wird es immer dann eingesetzt, wenn dieser in Frage gestellt wird. Pathos bedeutet Veränderung. Nicht Stillstand. Das ist seine größte Wirksamkeit. Und die wissen auch jene zu nutzen, denen in der Regel die Macht fehlt, an diesem Status Quo zu rütteln.

Als nach einem Amoklauf in Parkland, Florida im Februar 2018 ein 19-Jähriger in seiner ehemaligen High School

14 Schüler und drei Erwachsene erschoss, stand das Land unter Schock. Wie so oft nach einem Schulmassaker in den USA. Das Pathos des Amokläufers, das sich mörderisch entladen hatte, verfehlte nicht seine Wirkung. Der Ist-Zustand war für einen Moment aus den Angeln gehoben. Wie so oft. Doch dieses Mal dauerte dieser Moment ein Weilchen länger. Der Grund: Die Überlebenden ließen ihn nicht verstreichen. Sie antworteten mit ihrem Pathos. Wenn der Präsident nur seine Gedanken und Gebete aufzubieten habe, dann liege es „an uns, den Opfern", für den Wandel zu sorgen, brüllte Emma Gonzalez wie ein verwundetes Tier in das Mikrophon auf dem Podium einer Kundgebung wenige Tage nach dem Amoklauf. Die Schülerin und Überlebende des Massakers forderte unter Tränen eine Verschärfung der Waffengesetze und machte sich einen mächtigen Feind: die amerikanische Waffenlobby, die NRA. „Wenn der Präsident mir ins Gesicht sagt, dass das eine schreckliche Tragödie war (...) und dass man nichts tun kann, frage ich ihn, wie viel Geld er von der National Rifle Association bekommen hat. [...] Ich weiß es: 30 Millionen Dollar!"[91] Jeder Politiker, der sich von der NRA sponsern lässt, solle sich schämen. „Shame on you!", brüllte Gonzalez vom Podium. Das Publikum stimmte mit ein.

Und hatte in diesem Moment seine Ikone. Das Mädchen mit dem kahlgeschorenen Kopf und der Wut im Bauch wurde zum Gesicht einer Generation, die es satt hatte, ihr Leben zu riskieren, wenn sie zur Schule geht, nur weil sich Erwachsene beharrlich weigerten, Gesetze zu ihrem Schutz zu verabschieden. „The School Schooting Generation Has Had Enough", titelte das *Time Magazine* und dokumentierte, wie es ein paar trauernden Teenagern gelang, die Politik dazu zu bewegen, Waffengesetze zu verschärfen, die seit Jahrzehnten niemand anzufassen traute.[92] Innerhalb von einem Monat wurden diese Jugendlichen zur mächtigsten Waffenreformbewegung, die das Land in zwei Jahrzehnten erlebt hatte. Weder die NRA noch die republikanische Partei, deren Vertreter sich oftmals als die obersten Hüter des zweiten Zusatzartikels der Verfassung präsentierten und sich damit gegen jegliche Einschränkung von Waffenbesitz stellen, trauten sich in diesen Ring zu steigen, in dem ihre Gegner Kinder waren – und noch dazu Opfer eines Schulmassakers. Das war kein Match, das sie gewinnen konnten. Das zeigten bereits die Umfragewerte. Nur 37 Prozent der Amerikaner hatte zu diesem Zeitpunkt ein positives Bild von der NRA. Das war der niedrigste Wert, den die Organisation seit 2000 verzeichnet hatte. Partner distanzierten sich plötzlich von der Waffenlobby. Firmen wie Delta Airlines oder Hertz kündigten ihre Zusammenarbeit mit der NRA. Emma Gonzalez' Beschämungstaktik hatte gefruchtet.

Und im März 2018 passierte das Unfassbare: Florida verschärfte seine Waffengesetze. Verboten wurden Schnellfeuerkolben für halbautomatische Waffen, jene Aufsätze, wodurch sie so schnell schießen können wie

Maschinengewehre. Ebenso wurde das Mindestalter für den Erwerb von Waffen von 18 auf 21 Jahre angehoben. Außerdem mussten Käufer in Zukunft drei Tage warten, bis ihnen die Waffe ausgehändigt wird, damit in dieser Zeit Backgroundchecks gemacht werden können. An Personen, die als psychisch krank diagnostiziert wurden, durften von nun an keine Waffen verkauft werden.[93]

Gonzalez und ihre Mitstreiter hatten sich mehr erhofft. Dennoch. Es war ein erster Schritt. Etwas hatte sich bewegt, und dieses Etwas war mehr als nach jedem Massaker zuvor. „Die sozialen Medien waren unsere Waffe", erklärte Gonzalez' Schulkollegin Jaclyn Corin im Interview mit dem *Time Magazine*. Ohne die sozialen Medien hätte die Bewegung nie so schnell an Fahrt aufgenommen, wäre so schnell gewachsen, hätte so viele erreicht. Jeder konnte Gonzalez' Rede nachsehen. Ihr zuhören, wie sie beim landesweiten Schulstreik, dem sich knapp eine Million junger Menschen angeschlossen hatten, in Washington vor die Masse trat. Genau 6 Minuten und 20 Sekunden stand sie dort auf der Bühne. Die meiste Zeit schweigend, bis ein Wecker läutete und sie ihre Stille aufklärte: 6 Minuten und 20 Sekunden, solange hatte der Amokläufer benötigt, um 17 Menschen zu ermorden.

Ein Gänsehautmoment. Protest lebt von solchen Momenten. Protest lebt von Pathos. Von pathetisch aufgeladenen Gesten, Ritualen, Symbolen und Hashtags. Wenn es zum richtigen Zeitpunkt das richtige Publikum affiziert, löst es mehr aus als nur Gänsehaut. Dann beginnt die Veränderung. Das hat die Vergangenheit immer wieder gezeigt. Eine geballte Faust, ein gestreckter Arm, ein kniender Körper, ein schweigender Marsch, eine unter Tränen erstickte Stimme. Das bleibt im Gedächtnis. Oftmals mehr als die Sache selbst.

Die breite Masse weiß kaum etwas über das politische Engagement der afroamerikanischen Schneiderin Rosa Parks. Aber alle wissen, wie sie die Schwarze Bürgerrechtsbewegung mit einer scheinbar simplen Geste befeuert hat, als sie sich am 1. Dezember 1955 weigerte, ihren Sitzplatz in einem Bus in Montgomery, Alabama für einen *weißen* Fahrgast zu räumen. Oder etwa die schwedische Klimaaktivistin Greta Thunberg. Alle kennen das blonde Mädchen mit den geflochtenen Zöpfen, wie es jeden Freitag mit seinem Schild in Stockholm vor dem schwedischen Parlament für ein Umdenken in der Klimapolitik streikte. Ihre konkreten Inhalte kann kaum einer wiedergeben, das Gros kennt bestenfalls Thunbergs schmerzverzerrtes Gesicht, wenn sie auf Podien die Staatsmänner dieser Welt beschämt, sie voll Wut zitternd anklagt, wie sie es wagen können, ihr die Kindheit und die Träume zu rauben, statt zu handeln. Tausende hat die Jugendliche damit inspiriert. Und es geschafft, was vor ihr keiner Wissenschafterin und keinem Nobelpreisträger mit Power-Point-Präsentation gelungen ist: die Klimaproblematik ganz vorne auf die politische

Agenda zu bringen, gar nationale Wahlkämpfe zu beeinflussen.[94]
Pathos hat das Potenzial, Machtverhältnisse, Normen und Werte neu zu verhandeln. Egal aus welcher Ecke. Auch eine Demonstration rechtsextremer Hipster tritt pathetisch auf, ein Aufruf von Wissenschaftsleugnern mit Alu-Hüten, ein Fackelzug zum Grabmal eines Kriegsverbrechers, eine blaue Kornblume am Revers.

Pathos per se kennt keine Ideologie. Es ist weder schön noch hässlich. Sauber oder dreckig. Alle können pathetisch sein. Ohne Zugangsbeschränkungen. Dem Pathos wohnt ein egalitärer demokratischer Zauber inne, wenn man so will. Um für eine Bewegung zu taugen, muss es nur von einer relativen Mehrheit als würdevoll und authentisch empfunden werden, erklärt Kommunikationswissenschafter Armin Scholl, der am Institut für Protest- und Bewegungsforschung arbeitet. „Letzten Endes ist es schon eine im kommunikativen Prozess hergestellte Zuschreibung, ob man Pathos würdevoll, lächerlich oder anmaßend findet“, sagt er. Doch solange das Pathos als „echt“ wahrgenommen wird – und sei das nur innerhalb einer Gruppe –, dann wirkt es, egal ob es tatsächlich echt ist oder bloß sehr gut inszeniert.

In der Psychoanalyse wird das Pathos als Lösungsansatz für einen Missstand interpretiert, erklärt die Psychoanalytikerin Ulrike Kadi. Allein der Hysterikerin ist es etwa zu verdanken, dass es die Psychoanalyse in den medizinischen Diskurs geschafft hat. Wären im 19. Jahrhundert nicht so viele Frauen plötzlich aus unerfindlichen Gründen ohnmächtig geworden und hätten anfallsartig gezuckt, ohne körperliche Beschwerden zu haben, wäre die Wissenschaft damals nie auf die Idee gekommen, Geist und Körper als Einheit zu betrachten.

Pathos dient als Stoppschild, gar als Korrektiv für all jene, die sich dem Lauf der Dinge entgegenstellen, weil sie nicht länger mitkönnen oder mitwollen. Es sorgt nicht nur für Aufmerksamkeit, wie etwa die Hysterikerin, die möchte, dass man sie ansieht, dass man erstaunt ihren Zuckungen und ihrer Ohnmacht folgt, sondern es dient auch dazu, einen Bezugsrahmen zu schaffen, in dem andere in die Pflicht genommen werden zu reagieren. Wenn Kinder etwa erst zu weinen beginnen, wenn sie wissen, dass die Eltern sie beobachten und es seltsamerweise nicht tun, wenn sie unbeobachtet sind, dann hat das Pathos eine konkrete Funktion. Es ist der Versuch, eine Beziehung aufzurufen. „Diese Symptome sind nicht so sehr Krankheitszeichen als Lösungsversuche“, erklärt Kadi. „Selbst das theatralische Symptom hat die Aufgabe, Konflikte zu lösen.“

Der Appell

Die Gleichgültigkeit gegenüber dem Leiden ist das, was den Menschen unmenschlich macht, hat der Schriftsteller und Friedensnobelpreisträger Elie Wiesel einmal gesagt. Klar könnte man in der Gleichgültigkeit eine Tugend sehen, um nicht den Verstand zu verlieren in dieser wahnwitzigen Welt. Und natürlich sei es verstörend, ja lästig, sich mit dem Schmerz und der Verzweiflung seiner Mitmenschen zu beschäftigen. Dennoch: „Gleichgültigkeit ist kein Anfang, sondern ein Ende. Und darum ist Gleichgültigkeit immer die Freundin des Feindes, denn sie nutzt dem Aggressor – nie seinem Opfer, dessen Schmerz sich vervielfacht, wenn es sich vergessen fühlt“[95], ließ Wiesel 1999 den amerikanischen Präsidenten Bill Clinton in einer Rede im Weißen Haus wissen. Der Holocaust-Überlebende erzählte davon, an welchen

„jämmerlichen Trost" sich die Männer und Frauen damals im Konzentrationslager geklammert hatten. Sie glaubten, dass die Anführer der freien Welt einfach nicht wussten, was in Auschwitz und Treblinka vor sich ging. Denn hätten sie davon gewusst, hätten diese mächtigen Männer doch „Himmel und Hölle" in Bewegung gesetzt, so ihre Annahme. Als sie herausfanden, dass man sehr wohl von ihrem Martyrium wusste, blieben sie verstört mit ihren Fragen zurück: Warum diese Gleichgültigkeit? Warum diese Apathie?

Pathos ist das Gegenteil von Gleichgültigkeit. Darin liegt seine Macht. Zur richtigen Zeit vor dem richtigen Publikum in der richtigen Intensität hat es die Chance, die Welt aus den Angeln zu heben, egal wie klein diese ist. Wenn es einmal wirkt, kann es nicht mehr ungesehen, ungehört, ungespürt gemacht werden. Doch um einmal diesen Raum zu bekommen, muss es sich durchsetzen, braucht den Moment im Rampenlicht. Und das geht nur, wenn die einen mitmachen – und die anderen ihm Platz einräumen.

Niemandem soll abgesprochen werden sich in seinem Pathos zu suhlen, um sich so ein bisschen kathartische Erleichterung zu verschaffen. Doch ist es erlaubt, gelegentlich seine Wunden still zu lecken, ganz privat, ohne nach Klicks und Likes zu schielen. Deswegen zum Abschluss der pathetische Appell an all jene, die ihre Krise als Privileg im Dauerzustand leben: Nicht jede Befindlichkeit muss geteilt werden. Nicht jede Kränkung braucht eine Plattform. Nicht jedes Gefühl eine Bühne. Nicht jeder Gedanke ein Publikum.

Es darf hin und wieder auch still gedacht, gefühlt und gelitten werden. In den eigenen vier Wänden, vor Familie und Freunden, Bekannten und Therapeutinnen. Es braucht nicht immer die Reichweite. Man muss nicht gleich in die Tasten hauen, wenn man sich als Politiker auf die Schulter klopft, weil man zu Corona-Zeiten seinen armen Nachbarn hilft. Sich öffentlich auf Facebook gerührt zeigt, wie diese armen Nachbarn ihre Armut mit einer Collage von ausgeschnittenen Sonderangeboten und Gutscheinen vor Augen führen, die man natürlich abfotografiert und ins Netz stellt. Dort muss man auch nicht von seiner Supermarkt-Odyssee berichten auf der Suche nach dem günstigsten Brot, wo man sich dank Maskenpflicht zum Glück an der Kassa nicht die Blöße für die peinliche Schnäppchenjagd geben muss.

Man muss sich auch nicht als prominenter Jungvater öffentlich zu Wort melden, dass man nun seit der Geburt der Tochter begriffen habe, wie schlimm Misogynie doch ist und nächtelang kein Auge mehr zutun kann, weil man um die Unversehrtheit des weiblichen Nachwuchses fürchtet.

Ebenso lässt sich Empathie für die Opfer des Holocausts empfinden, ohne die emotionale Eselsbrücke zum Unfalltod des eigenen Großvaters zu beschreiten.

Renommierte Journalisten dürfen auch einmal in Ruhe ihren Job machen, ohne virtuell vor Anstrengung zu schnauben und nach Anerkennung zu lechzen, nur weil sie zwölf Interviews geführt und abgetippt haben.

Und es ist auch möglich, einen Terroranschlag in der eigenen Stadt zu reflektieren, ohne dass es zu einem Wettkampf darin ausartet, wer seine Betroffenheit am berührendsten mit der eigenen Biografie verknüpft, fleißig irrelevante persönliche Bezüge zum Geschehenen zieht, um das eigene Ich wieder ins Zentrum der Aufmerksamkeit zu rücken. Fast so, als hätte dieses Ich Angst sich in Luft aufzulösen, wenn es sich den Kommentar verkneift, dass es auch Blumen und Kerzen zum Gedenken gebracht hat, und die Rosen für die Terroropfer, die da links im Bild vom Wiener Schwedenplatz der Kollegin auf Twitter zu sehen sind, von *mir* hingelegt wurden. Auch ich trauere. Auch ich bin untröstlich.

Nur ab und zu sich eine Pause vom eigenen Pathos gönnen, sich ausklinken aus dem Pathos-Konzert und die Öffentlichkeit vor dem persönlichen Drama verschonen, das offenbar nur ausgehalten werden kann, wenn es eine Bühne bekommt. Dann wäre schon etwas mehr Verteilungsgerechtigkeit in Sachen Aufmerksamkeitsökonomie gegeben. Denn die Krise als Privileg obliegt nicht nur ausgewählten Gruppen. Das Pathos darf aus der Dichotomie eines gemachten Zentrums und eines imaginierten Randes herausgerissen werden. Sein Einsatz muss diese konstruierten Welten nicht permanent rekonstruieren. Es darf sie auch einmal ganz neu definieren.

Natürlich würde der öffentliche Pathosverzicht einem Akt der Solidarität gleichkommen, daher sei der Appell vor allem an jene Kreise gerichtet, die sich besonders gerne – vorrangig performativ – als Verbündete marginalisierter Gruppen begreifen. Statt das nächste Mal im virtuellen Trommelwirbel von der eigenen Rührung angesichts dem Leid Dritter dermaßen berauscht zu sein, darf sich die Solidarität einmal ganz anders äußern: still. Still anderen den Vortritt überlassen und bei gegebenem Anlass sich unterstützend an ihre Seite stellen.

An die Seite wohlgemerkt, nicht ins Zentrum.

Und hin und wieder wäre auch schon damit geholfen, wenn die Panik ausbliebe, wenn das eigene Pathos für kurze Zeit nicht im Zentrum stünde. Eine derartige Panik war im Sommer 2020 zu beobachten. Unmittelbar nach dem Erstickungstod des Afroamerikaners George Floyd war die Weltöffentlichkeit empfänglich für das Pathos der Schwarzen. Plötzlich wurde sie hellhörig für „diesen Rassismus". Ließ gar der Empörung und Erschütterung Taten folgen: Statuen von Kolonialherren wurden in Museen verbannt, Konzerne feuerten hochrangige Mitarbeiterinnen für ihre mangelnde Sensibilität gegenüber Diskriminierten, Verlage kündigten ihre Zusammenarbeit mit Autoren wegen rassistischer Kommentare.

Etwas kam ins Rollen, weltweit. Das Pathos zeigte erste Ergebnisse. Dem „Zentrum" behagte das nicht. Plötzlich waren überall Aufrufe und Appelle zu lesen, die das Ende der Meinungsfreiheit prophezeiten. Es wurde gewarnt vor der Sittenpolizei, die sich mobartig mit „moralischer Grausamkeit" entladen würde gegen all jene, die sich des „Falschdenks"[96] schuldig gemacht haben, weil sie nicht „woke" genug für die Zeichen der Zeit sind. Nichts Geringeres als die Werte der liberalen Demokratie stünden auf dem Spiel aufgrund der Cancel Culture, jener Praxis, die eine systematische Boykottierung und Annullierung einer Person vorsieht, die sich mit zweifelhaften Aussagen Gehör verschaffen will. Am eloquentesten formulierten dieses Unbehagen 153 prominente Intellektuelle in einem offenen Brief im *Harper's Magazine.* Die Unterzeichner, darunter Schriftstellerinnen wie Margaret Atwood, J. K. Rowling oder Salman Rushdie, unterstützten in ihrem „Brief zu Gerechtigkeit und offener Debatte" zwar die längst überfälligen Forderungen nach Gleichstellung und Inklusion, die sich in den Protesten entladen hatten. Gleichzeitig beklagten sie hingegen, dass die moralische Entrüstung „unsere Normen der offenen Debatte und Toleranz von Unterschieden zugunsten ideologischer Konformität" schwäche.[97]

Wer „unsere Normen“ bis dato mitbestimmt und wen „unsere Normen“ bisher aus den Debatten ausgeschlossen hatte, wurde nicht erwähnt. „Die demokratische Inklusion, die wir wollen, kann nur erreicht werden, wenn wir uns gegen das intolerante Klima aussprechen, das von allen Seiten einsickert“, heißt es in dem Brief weiter, in der scheinbaren Annahme, dass in diesem „Wir“ alle dieselbe privilegierte Sprechposition haben wie millionenschwere Bestsellerautorinnen und renommierte Wissenschafter und dass bis jetzt für alle ein tolerantes Klima geherrscht habe.

Dass Pathos über das Ziel hinausschießen, gar in gefährlichen und mörderischen Fanatismus münden kann, ist unbestritten. Natürlich muss es möglich sein, einen Protest zu kritisieren, die Forderungen einer Bewegung in Frage zu stellen und sie abzuklopfen auf ihren Dogmatismus und Absolutheitsanspruch.

Doch stehen sich in vielen Debatten nicht Gleichrangige gegenüber, die um das beste Argument streiten, wie die Schweizer Genderforscherin Franziska Schutzbach in einem Artikel zur Cancel Culture präzisiert: „Wenn jene, die als weniger wert gelten, mitreden wollen, wird das zunächst nicht als gerechter Ausgleich, sondern als Frechheit, als Umkehrung der Verhältnisse, als anmaßend und übertrieben empfunden – oder eben als ‚Terror der Minderheiten‘.“[98]

Daher auch eine Ermunterung zum Drosseln des eigenen Pathos als Gegenwehr und Panik-Ausdruck für einen – vermeintlichen – Bedeutungsverlust im „Kulturkampf um die Deutungshoheit“[99], wie es ein Journalist bezeichnete. Statt gleich die schweren Geschütze aufzufahren, wäre es wünschenswert, kurz innezuhalten und zu reflektieren. Vielleicht kann man sich etwas von beherzten Aufräumprofis dabei abschauen. Die japanische Ausmist-Expertin Marie Kondo hat Millionen Menschen weltweit dabei geholfen, ihren Kleiderschrank zu sortieren, indem sie sich eine einfache Frage stellen: „Does it spark joy?“ Macht es mir Freude? Wenn nein, muss es raus. Vielleicht lässt sich die „Kon Mari“-Methode in abgewandelter Form auch für Pathosverliebte vor jedem Ausbruch anwenden: Ist es wirklich so schlimm?

Vielleicht schleicht sich mit dieser Frage dann auch etwas hinein, was so viel seltener zum Ausdruck kommt: Selbstironie. Vielleicht ist an dem Ratschlag, den man sonst so gerne marginalisierten Gruppen hinknallt, etwas dran. Vielleicht ist es doch gar nicht so schlimm. Vielleicht hat man in dem Moment etwas übertrieben, war ein wenig lächerlich und kann nach zehn Atemzügen über sein Pathos gar lachen. Alles nicht so schlimm, oder?

Fühlt sich nicht gut an, zur Selbstironie angehalten zu werden, nicht wahr?

Aber vielleicht hilft es auch, ganz ohne Selbstironie, einfach nur einmal innezuhalten, ganz still. Das eigene Pathos nicht bei jeder Gelegenheit ausschlachten zu wollen, um es vielleicht aufzusparen für einen Moment, wenn es seiner vollen Wucht wirklich bedarf. Dann, wenn die Welt wie so oft versucht ist, so zu tun, als ob alles in Ordnung wäre und wieder einmal in ihren Abgrund, die Gleichgültigkeit, flüchtet, dann darf das Pathos zur Abwechslung einmal mit vollem Körpereinsatz und Trommelwirbel ausgepackt werden.

Damit es am Ende nicht wieder heißt: Wir wussten ja von nichts.

Danksagung

Natürlich kommt ein Buch zum Thema Pathos nicht ganz ohne ein großes pathetisches Ich aus. Ich möchte mich bei all den Menschen bedanken, die meinem Pathos seit Jahren mit Nachsicht begegnet sind. Ich bedanke mich bei meinen Eltern, Aliasghar Khorsand und Sedighe Khorsand-Hashemi, die seit dem ersten Schrei auf jeden noch so pathetischen Ausbruch mit Güte, Verständnis und Geduld reagiert haben. Mit ihrem gelebten Humanismus voller Intelligenz, Ironie und Menschenliebe haben sie die Latte sehr hoch gelegt.

Bei meinen Wahlgeschwistern: Katharina Mrozek, an deren Seite jede Apokalypse ein Klacks wird; bei Ameneh Shirafkan, deren 360-Grad-Blick alles in Perspektive setzt; bei Louise Beltzung, meinem viel zu klugen Safe-Space; bei Elisabeth Gamperl, meiner kleinen, mich täglich beeindruckenden Schwester; bei Soma Ahmad, meiner Yoda-Schwester-in-alert; bei Nour Nouralla, meiner Artist-Warrior-Queen; bei Hannah Heibl, der kreativsten Lebensdramaturgin; bei Julia Hofecker, dem lebenden Beweis, dass Genies keine Arschlöcher sein müssen; bei Lindsay La Forge, die mich an ihrer Brillanz immer wieder teilhaben lässt; bei Luiza Puiu, der begabtesten

Weichzeichnerin; und Susan Waeckerlin, der unpathetischsten Lebenskünstlerin, die ich kenne.

Ich möchte mich bei meinen Interviewpartnerinnen und Interviewpartnern für ihre Geduld und Zeit bedanken und vor allem dafür, dass sie bereit waren, ihre Gedanken mit mir zu teilen und mit mir über das Leben zu pathetisieren: Sesilia Al-Mousli, Ulrike Kadi, Erwin Klasek, Raul Krauthausen, Mahret Ifeoma Kupka, Patricia Purtschert, Nora Scheidegger, Armin Scholl, Jan Juhani Steinmann (danke für die Vermittlung an Rebecca Mossop), Erol Yildiz.

Ich danke Reingard Hechtl der IG AutorInnnen für die Beratung, Marty Huber für ihre kritischen Anmerkungen, Barbara Villiger Heilig für ihre Unterstützung.

Und natürlich möchte ich mich bei meiner Lektorin Stefanie Jaksch und dem gesamten Team des Verlages Kremayr & Scheriau bedanken, die es mir ermöglicht haben, diesen Text zu publizieren.

Abschließend bedanke ich mich bei allen, deren Pathos mich begleitet, verfolgt, inspiriert und enerviert hat.

Merci euch allen.

Anmerkungen

1 Richard Brody, *The Women*, New Yorker, 11.11.2009, https://www.newyorker.com/culture/richard-brody/the-women

2 Cornelia Zumbusch, *Pathos: Zur Geschichte einer problematischen Kategorie*, De Gruyter, Berlin 2012, S. 8

3 Rainer Dachselt, *Pathos: Tradition und Aktualität einer vergessenen Kategorie der Poetik*, Winter Verlag, Heidelberg 2003, S.75

4 Ebenda.

5 Ebenda, S. 67

6 Wolf Lepenies, *Vom Pathos der Demokratie*, Welt, 10.7.2008, https://www.welt.de/welt_print/article2197358/Vom-Pathos-der-Demokratie.html.

7 Reinhart Meyer-Kalkus, *Zwischen Pathos und Pathosschwund: Zur Sprechkunst in Deutschland nach 1945*, in: Passions in Context. International Journal for the History and Theory of Emotions, No.1, Internet-Publikation, 2010, https://www.passionsincontext.de/uploads/media/05_Meyer-Kalkuspdf_01.pdf, S. 4

8 Johannes Schneider, *Gib mir mein Hetz zurück*, Zeit online, 16.9.2019, https://www.zeit.de/gesellschaft/zeitgeschehen/2019-09/herbert-groenemeyer-konzert-rede-gegen-rechts-kommentar

9 Bernd Stegemann, 14.9.2019, https://twitter.com/bernd_stegemann/status/1172833076159877120

10 Frankfurter Allgemeine: *Maas unterstützt Grönemeyer nach Rede gegen rechts*, FAZ, 15.9.2019, https://www.faz.net/aktuell/gesellschaft/menschen/herbert-groenemeyer-goebbels-vergleiche-nach-rede-gegen-rechts-16386130.html)

11 Meyer-Kalkus, S. 13

12 Brian D. Earp u.a: *Gender bias in pediatric pain assessment*, May 2019, Journal of Pediatric Psychology 44(4):403-414, S. 405

13 David Reby, Florence Levréro, Erik Gustafsson & Nicolas Mathevon, *Sex stereotypes influence adults' perception of babies' cries, BMC Psychol 4, 19 (2016), https://doi.org/10.1186/s40359-016-0123-6*

14 Diane E. Hoffmann, Anita J. Tarzian, *The Girl Who Cried Pain: A Bias Against Women in the Treatment of Pain*, Journal of Law, Medicine & Ethics, 29 (2001): 13–27, S. 21

15 Michael Zaudig, *Entwicklung des Hysteriekonzepts und Diagnostik in ICD und DSM bis DSM-5*, München 2015, (Psychotherapie 20. Jahrg. 2015 | Bd 20-1 | © CIP-Medien), https://sbt-in-berlin.de/cip-medien/03.-Zaudig.pdf, S. 28

16 Ebenda.

17 Oliver Wittkowski, *Zeitreise: Männer- und Frauenkrankheiten, SWR, 26.4.2018*, https://www.swr.de/odysso/zeitreise-maenner-und-frauenkrankheiten/-/id=1046894/did=21339390/nid=1046894/1r9z7z3/index.html

18 Norbert Finzsch, *Weibliche Genitalverstümmelung, western style*, Geschichte der Gegenwart, 17.4.2016, https://geschichtedergegenwart.ch/weibliche-genitalverstuemmelung/

19 E.J. Bartley, R.B. Fillingim u.a, *Sex differences in pain: a brief review of clinical and experimental findings*, Oxford University Press on behalf of the British Journal of Anaesthesia, July 2013; 111 (1): 52–58, https://www.ncbi.nlm.nih.gov/pmc/articles/PMC3690315/#AET127C30 bzw. https://link.springer.com/article/10.1007/BF00289259

20 Esther H. Chen MD, u.a., *Gender disparity in analgesic treatment of emergency department patients with acute abdominal pain*, ACADEMIC EMERGENCY MEDICINE 2008; 15:414–418 29.3.2008, https://onlinelibrary.wiley.com/doi/full/10.1111/j.1553-2712.2008.00100.x

21 Oftmals sogar konkret auf den *weißen* männlichen Körper. So sind gewisse Bilderkennungstechnologien nicht in der Lage gewesen, Frauen von Männern zu unterscheiden, geschweige denn dunklere Hauttypen zu erkennen. Auch die Laser von Seifenspendern können etwa dunkle Haut nicht identifizieren (siehe https://www.deutschlandfunk.de/diversitaet-und-algorithmen-lorena-jaume-palasi-nur-haende.911.de.html?dram:article_id=455866).

22 Esther H. Chen MD, u.a., *Gender disparity in analgesic treatment of emergency department patients with acute abdominal pain*, ACADEMIC EMERGENCY MEDICINE 2008; 15:414–418 29.3.2008, https://onlinelibrary.wiley.com/doi/full/10.1111/j.1553-2712.2008.00100.x

23 Caroline Criado Perez, *Invisible Women: Exposing Data Bias in a World Designed for Men*, Chatto & Windus, London 2019, S. 218

24 Jazmine Joyner, *Nobody believes that black women are in pain, and it's killing us*, You're your Voice, 25.5.2018, https://wearyourvoicemag.com/black-women-are-in-pain/

25 Isabella Rosario, *Viral tweet shows disbelief of black women's pain by doctors*, Medium, 6.10.2018, https://medium.com/@isabellarosario/viral-tweet-highlights-disbelief-of-black-womens-pain-by-doctors-11107fbbcd89

26 Kevin A. Schulman, M.D., Jesse A. Berlin u.a., *The Effect of Race and Sex on Physicians' Recommendations for Cardiac Catheterization*, N Engl J Med 1999; 340:618-626, https://www.nejm.org/doi/full/10.1056/NEJM199902253400806#t=articleResults

27 Brigham and Women's Hospital, *Minority patients less likely to receive analgesic medications for abdominal pain*, ScienceDaily, 17 November 2015, https://www.sciencedaily.com/releases/2015/11/151117143530.htm

28 Abby Goodnough, *Finding Good Pain Treatment Is Hard. If You're Not White, It's Even Harder*, New York Times, 9.8.2016, https://www.nytimes.com/2016/08/10/us/how-race-plays-a-role-in-patients-pain-treatment.html

29 Alexandra Samuels, *U.Va. report: Med students believe black people feel less pain than whites*, USA Today, 5.4.2016, https://eu.usatoday.com/story/college/2016/04/05/uva-report-med-students-believe-black-people-feel-less-pain-than-whites/37416037/

30 Ulrike Lenthe, *Eine Frage der Kultur*, in: Die Schwester Der Pfleger, Ausgabe 11/2017, https://www.bibliomed-pflege.de/sp/artikel/33601-eine-frage-der-kultur

31 Ebenda.

32 Thieme, *Wie die Kultur das Schmerzempfinden beeinflusst,* April 2017, https://www.thieme.de/de/presse/schmerz-bewaeltigungstherapie-113398.htm

33 Thelma Buabeng in *Der Kebekus-Brennpunkt zum Thema „Rassismus"*, Youtube, 4.6.2020, https://www.youtube.com/watch?v=5wIvvH-gJFk&t=2s

34 Washington Post, 29.7.2019, https://www.washingtonpost.com/health/is-bias-keeping-female-minority-patients-from-getting-proper-care-for-their-pain/2019/07/26/9d1b3a78-a810-11e9-9214-246e594de5d5_story.html

35 Grada Kilomba, *Plantation Memories: Episodes of Everyday Racism,* Unrast Verlag, Münster 2019, S. 26

36 Ebenda, S. 28

37 Ebenda, S. 26ff.

38 Ebenda, S. 26

39 Elahe Hashemi Yekani, *The Privilege of Crisis: Narratives of Masculinities in Colonial and Postcolonial Literature, Photography and Film,* Campus Verlag, Frankfurt am Main 2011, S. 25f.

40 Patricia Purtschert, *Kolonialität und Geschlecht im 20. Jahrhundert: Eine Geschichte der weißen Schweiz,* Transcript Verlag, Bielefeld 2019, S. 272

41 Ebenda, S. 131

42 Marcus Theurer, *Großbritannien stutzt den Sozialstaat zusammen,* FAZ, 3.4.2013, https://www.faz.net/aktuell/wirtschaft/wirtschaftspolitik/reformpaket-grossbritannien-stutzt-den-sozialstaat-zusammen-12135254.html

43 Peter Nonnenmacher, *Kahlschlag mit Lächeln*, Die Zeit, 28.10.2010, https://www.zeit.de/2010/44/Grossbritannien-Premierminister-Cameron

44 Solmaz Khorsand, *„Der gemäßigte, sozialpolitische Flügel der Konservativen ist ausgestorben“*, Republik, 3.9.2019, https://www.republik.ch/2019/09/03/der-gemaessigte-sozialpolitische-fluegel-der-konservativen-ist-ausgestorben

45 Jenna Amatulli, *What Happened When A Man Signed Work Emails Using A Female Name For 2 Weeks*, Huffpost, 13.3.2017, https://www.huffpost.com/entry/what-happened-when-a-man-signed-work-emails-using-a-female-name-for-a-week_n_58c2ce53e4b054a0ea6a4066

46 Günter Wallraff, Schwarz auf Weiß, Youtube, 17.8.2012, https://www.youtube.com/watch?v=d1cZkO8nbT4

47 Zitat: Gespräch Khorsand März 2020

48 Reinhart Meyer-Kalkus, *Zwischen Pathos und Pathosschwund: Zur Sprechkunst in Deutschland nach 1945*, in: Passions in Context. International Journal for the History and Theory of Emotions, No.1, Internet-Publikation, 2010: https://www.passionsincontext.de/uploads/media/05_Meyer-Kalkuspdf_01.pdf, S. 21

49 Jörg Lau, *Nicht verzweifeln*, Die Zeit, 3.6.2020.

50 Der Standard, *Wiener Mohren-Apotheke will ihren Namen ändern*, Der Standard, 26.6.2020, https://www.derstandard.at/story/2000118338295/wiener-mohren-apotheke-will-den-namen-aendern

51 Deutschlandfunk Kultur, *„Die ständigen Ausreden bin ich leid“*, Deutschlandfunk Kultur, 6.6.2020,

https://www.deutschlandfunkkultur.de/soziologin-zur-deutschen-debatte-ueber-rassismus-die.990.de.html?dram:article_id=478142

52 Jörg Thadeusz, *THADEUSZ im rbb mit Raul Aguayo-Krauthausen*, Youtube, 16.6.2014, https://www.youtube.com/watch?v=PuxAuMoyaqs

53 Ange-Marie Hancock, *Solidarity Politics for Millennials*, Palgrave Macmillan, New York, 2011, S.3.

54 Angela Y. Davis & Elizabeth Martínez, *Coalition Building Among People of Color*, Diskussion an der University of California, San Diego , 12.5.1993, https://culturalstudies.ucsc.edu/inscriptions/volume-7/angela-y-davis-elizabeth-martinez/

55 Theo Anders, Fabian Sommavilla, *Mehr Bauern als Migranten und zu wenig Frauen im Nationalrat*, Der Standard, 22.10.2019, https://www.derstandard.at/story/2000110191221/mehr-bauern-als-migranten-und-wenige-frauen-im-neuen-nationalrat

56 Schweizerische Konferenz der Gleichstellungsbeauftragten, *Wer macht die Nachrichten in der Schweiz?*, Zusatzbericht zum Global Media Monitoring Project 2015, Januar 2016, https://www.equality.ch/pdf_d/2016_01_17_GMMP2015_Bericht_d.pdf

57 Zeit Online, *Fast jeder Zehnte in Deutschland ist schwerbehindert*, 24.10.2016, Zeit Online, https://www.zeit.de/wissen/gesundheit/2016-10/statistisches-bundesamt-schwerbehinderte-menschen-deutschland

58 Carolin Emcke, *Gegen den Hass*, S. Fischer Verlage, Frankfurt am Main 2016, S.13

59 Giovanni di Lorenzo, *Die richtige Quote*, Die Zeit, 1.3.2012, https://www.zeit.de/2012/10/01-Frauenquote

60 https://missy-magazine.de/blog/2019/06/20/hae-was-heisst-colorism

61 Isabelle Redfern liest aus *exit RACISM* von Tupoka Ogette. Schaubühne Berlin, Youtube, 27.6.2020, https://www.youtube.com/watch?v=EdADuO6z4J4

62 Kübra Gümüşay, *Sprache und Sein*, Hanser Verlag, München 2020, S. 57

63 Ebenda, S. 71

64 Ebenda, S. 85

65 W. E. Burghardt du Bois, *Strivings of the Negro People*, The Atlantic, August 1897, https://www.theatlantic.com/magazine/archive/1897/08/strivings-of-the-negro-people/305446/

66 Kilomba, S. 35

67 Black-ish-The Best Elevator scene, Youtube, 6.9.2017, https://www.youtube.com/watch?v=WXIx-KBwTDA

68 Cady Lang, *How the 'Karen Meme' Confronts the Violent History of White Womanhood*, Time, 6.7.2020, https://time.com/5857023/karen-meme-history-meaning/

69 Jeffery C. Mays and Sean Piccoli, *A White Woman, Teresa Klein, Called the Police on a Black Child She Falsely Said Groped Her*, New York Times, 12.10.2018, https://www.nytimes.com/2018/10/12/nyregion/woman-calls-police-black-boy-brooklyn.html

70 Australian Broadcasting Corporation, *Emmett Till: Woman who triggered 1955 murder of African American boy admits lying about harassment*, Abc net au, 28.1.2017,

https://www.abc.net.au/news/2017-01-28/woman-who-triggered-emmett-till-murder-lied-about-harassment/8219774https://www.abc.net.au/news/2017-01-28/woman-who-triggered-emmett-till-murder-lied-about-harassment/8219774

71 Richard Pérez-Peña, *Woman Linked to 1955 Emmett Till Murder Tells Historian Her Claims Were False*, New York Times, 27.1.2017, https://www.nytimes.com/2017/01/27/us/emmett-till-lynching-carolyn-bryant-donham.html

72 Reni Eddo-Lodge, *Why I'm No Longer Talking to White People About Race*, Bloomsbury Academic, London 2018, S. 92

73 Hannes Schrader, *„Die meisten Weißen sehen nur expliziten Rassismus"*, Zeit Campus, 11.8.2018, https://www.zeit.de/campus/2018-08/rassismus-dekonstruktion-weisssein-privileg-robin-diangelo/komplettansicht

74 Robin DiAngelo, *White Fragility: Why It's So Hard for White People to Talk About Racism*, Penguin Books, Boston 2018, S. 134

75 Ebenda, S. 110

76 Ebenda, S. 112

77 Beatrice Dernbach, *Nachrichtenfaktoren*, Journalistikon, http://journalistikon.de/category/nachrichtenfaktoren/

78 Solmaz Khorsand, *Nazis jagen*, Republik, 5.5.2020, https://www.republik.ch/2020/05/05/nazis-jagen

79 Anne Fromm, *Wir sind doch nicht im Zoom*, Taz, 13.12.2016, https://taz.de/Zukunft-des-Journalismus/!5365350/

80 Detlef Esslinger, *SZ Werkstatt: Wie sieht der perfekte Ausbildungsweg aus, um Journalist zu werden*, Süddeutsche Zeitung, 14 .8 2020, S.14.

81 Meedia, *Wie die Süddeutsche ihre Volontäre rekrutiert*, Meedia, 18.4.2011, https://meedia.de/2011/04/18/wie-die-suddeutsche-ihre-volontare-rekrutiert/

82 Anne Fromm, *Wir sind doch nicht im Zoom*, Taz, 13.12.2016, https://taz.de/Zukunft-des-Journalismus/!5365350/

83 Cora Stephan, *Die Wahrheit ist nicht bloß Befindlichkeit*, Deutschlandfunk Kultur, 24.11.2016, https://www.deutschlandfunkkultur.de/journalismus-die-wahrheit-ist-nicht-bloss-befindlichkeit.1005.de.html?dram:article_id=372179

84 Baha Kirlidokme, *„Zielgruppe ist die breite Masse"*, TAZ, 26.6.2020, https://taz.de/Blog-Volksverpetzer-gegen-Fake-News/!5691489/

85 https://die-goldenen-blogger.de/die-goldenen-blogger-2019/der-volksverpetzer-ist-blogger-des-jahres-2019-57631.html

86 Schweizerisches Strafgesetzbuch, Stand Juli 2020, https://www.admin.ch/opc/de/classified-compilation/19370083/index.html

87 Carlos Hanimann, *Nein!*, Republik, 22.8.2018, https://www.republik.ch/2018/08/22/nein

88 Yvonne Widler, *Vergewaltigung: In Österreich ist Nein ein Nein*, Kurier, 14.6.2016, https://kurier.at/chronik/oesterreich/vergewaltigung-in-oesterreich-ist-nein-ein-nein/204.445.120

89 Ken Armstrong und T. Christian Miller, *An unbelievable Story of Rape*, Pro Publica und The Marshall Project, 16.12.2015,

https://www.propublica.org/article/false-rape-accusations-an-unbelievable-story

90 National Research Council and Institute of Medicine, *Juvenile Crime, Juvenile Justice*, Washington, DC: The National Academies Press, 2001, https://www.nap.edu/read/9747/chapter/8

91 Florida student to NRA and Trump: 'We call BS', Youtube, 17.2.2018, https://www.youtube.com/watch?v=ZxD3o-9H1lY

92 Charlotte Alter, *The School Shooting Generation Has Had Enough*, Time, 22.3.2018, https://time.com/longform/never-again-movement/

93 Maggie Astor, *Florida Gun Bill: What's in It, and What Isn't*, New York Times, 8.3.2018, https://www.nytimes.com/2018/03/08/us/florida-gun-bill.html

94 Guardian, *Greta Thunberg to world leaders: 'How dare you? You have stolen my dreams and my childhood'*, Youtube, 23.9.2019, https://www.youtube.com/watch?v=TMrtLsQbaok

95 Elie Wiesel, *Die Gefahren der Gleichgültigkeit*, in Shaun Usher, *Speeches of Note: Reden, die die Welt veränderten*, Heyne Verlag, München 2019, S.139

96 Josef Joffe, *Die Feinde des Liberalismus*, Die Zeit, 23.07.2020

97 A Letter on Justice and Open Debate, Harper's Magazine, 7.7.2020, https://harpers.org/a-letter-on-justice-and-open-debate/

98 Franziska Schutzbach, *Wer oder was wird «gecancelt»?*, Republik, 14.8.2020, https://www.republik.ch/2020/08/14/was-steckt-hinter-der-pranger-kultur

99 Josef Joffe, *Die Feinde des Liberalismus*, Die Zeit, 23.07.2020)

Foto: © Luiza Puiu

Solmaz Khorsand

wurde 1985 geboren, ist Journalistin und arbeitet – nach Stationen bei der *Wiener Zeitung*, *Die Zeit*, *derstandard.at* und *Datum* – derzeit beim Schweizer Magazin *Republik*. Neben ihrem Magister in Journalismus, hat sie ebenso einen Master in Internationalen Beziehungen und Wirtschaft an der Johns Hopkins University (USA).

Khorsands Arbeiten reichen von Essays zur österreichischen Innenpolitik über Reportagen aus Weißrussland bis hin zu Wahlberichterstattung aus dem Iran. Ihr Essay „Die iranische Verwandlung" zählte zu den besten Storys des Jahres 2017. Für ihre Arbeit wurde sie u. a. mit dem Wiener Journalistinnenpreis 2018 ausgezeichnet.

MIX
Papier aus verantwortungsvollen Quellen
FSC® C014138
www.fsc.org

Gedruckt mit freundlicher Unterstützung
durch die Kulturabteilung der Stadt Wien

Stadt Wien

www.kremayr-scheriau.at

ISBN 978-3-218-01256-0

Linolschnitt, Schutzumschlaggestaltung,
typografische Gestaltung und Satz: Sheila Ehm
Reihen-Konzept & Lektorat: Stefanie Jaksch
Korrektorat: Lucia Marjanović
Druck und Bindung: FINIDR s.r.o., Český Těšín